콘트레라스
선장의
모험

걸작
논픽션
003

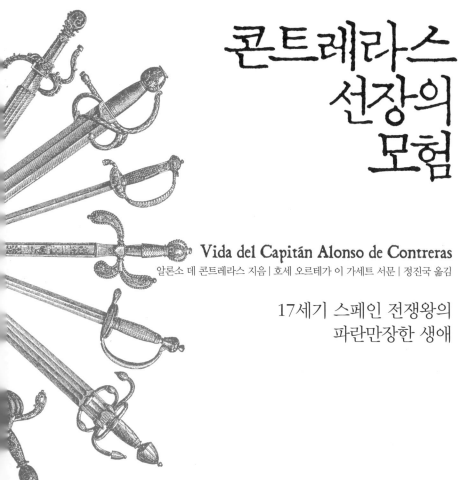

# 콘트레라스 선장의 모험

**Vida del Capitán Alonso de Contreras**

알론소 데 콘트레라스 지음 | 호세 오르테가 이 가세트 서문 | 정진국 옮김

## 17세기 스페인 전쟁왕의 파란만장한 생애

글항아리

**일러두기**

- 이 책은 『Vida del Capitán Alonso de Contreras』를 완역한 것이며, 1911년 프랑스어판을 시작으로 출간된 과거와 현재의 이본들을 함께 참고했다. 호세 오르테가 이 가세트의 글은 플롱출판사에서 펴낸 프랑스어판 선집에 들어간 내용을 그대로 옮긴 것이다.
- ( )는 기존의 여러 판본을 작업한 편자들의 설명, [ ]와 * 는 옮긴이의 설명을 뜻한다.

서문

# 콘트레라스 선장의 모험담

호세 오르테가 이 가세트*

 

돈 마누엘 세라노 이 산스Don Manuel Serrano y Sanz(1866~1932)는 20세기 초, 스페인의 가장 훌륭한 석학이다. 그는 놀랍도록 큰일을 해냈지만 병적일 만큼 수줍어하고 겸손했다. 그는 후리후리한 장신에 벨라스케스[스페인 바로크 회화의 거장]가 그린 소총수처럼 세련된 인상이다. 그런데 이런 사람이 어두컴컴한 고문서 보관소나 자기 집에서 어쩌다 밖으로 나올 때면 마치 질겁한 주맹증晝盲症 환자 같은 모습이었다. 그는 박식한 사람에게서나 자연스레 우러나는 멋으로 희귀한 자취와, 유익하지만 무시받고

---

* José Ortega y Gasset(1883~1955). 스페인 철학자. 『대중의 반역』『돈키호테에 대한 명상』과 함께 특히 화가 벨라스케스와 고야에 대한 고전적 평전을 남겼다.

잊힌 주제를 탐색했다. 그가 바로 아메리카 역사에 관한 서지학적 탐구를 처음 재개했다. 히메네스 데 라 에스파다*의 탐사 이후 내팽개쳐진 주제였다. 스페인어로 쓰인 자서전과 회상록으로 전하던 모든 것을 밝혀내려 했던 사람은 오직 이 사람뿐이다.

이런 탐구 과정에서 그는 무수히 통쾌한 발굴을 했다. 그중 가장 주목할 것으로 두 가지를 꼽을 만하다. 스페인어 책자 가운데 최상급인 크리스토발 데 비얄론의 것으로 추정되는 『스페인 여행』과 마드리드 출신의 놀라운 군인 알론소 데 콘트레라스Alonso de Contreras(1582~1641)가 자신의 모험을 들려준 회상록이다.

이 회상록은 여러 면에서 유일무이하다. 1900년에 세라노가 『역사 아카데미 회보』를 편찬하면서 이 회상록을 수록했지만, 스페인 국내에서도 거의 관심을 끌지 못했다. 그러나 외국에서 엄청난 반향을 불러일으켰다. 프랑스어판, 영어판이 나오고 나서 단 몇 해 만에 일반 독자를 위한 프랑스어 개정판이 나왔다. 이때부터 이 회상록은 기록문학의 확고한 고전이 되었다. 이 원고는 17세기 전반기 유럽인의 생활에서 큰 비중을 차지했던 군인의 한 전형, 30년 전쟁의 역사적 전형을 이해하려는 모든 사람에게 귀중한 정보를 주기 때문이다. 이를테면, 다비드 옥의 『17세기』가 대표적이다.

콘트레라스는 그 놀라운 목신牧神의 극히 다양한 모습 중 하나를 보여줄 뿐이다. 그가 겪은 실제 모험에 대한 직접적이고 정확한 정보가 거의 없어 그는 자신의 회상에만 의존했다.

* Gimenez de la Espada(1831~1898). 태평양과 남미 4500킬로미터를 탐사한 지리학자.

호세 오르테가 이 가세트. 스페인 철학자, 문인. 1920년의 초상.

콘트레라스의 회상록을 읽으면서 우선 놀라운 점은 믿기 어렵다는 점이다. 이런 인상이야말로 핵심이다. 사실상, 믿어지지 않는 사건으로 가득한 이야기가 그냥 그대로 사실이었기 때문이다. 이 회고록으로 증명할 수 있는 모든 것이 다른 데서 찾아낸 정보와 기록을 통해 확인되었다. 그러나 더더욱 놀라운 것은 회상하며 기록한 사람의 기억력이다. 열하루 동안 로마의 여관에서 손에 고문서나 주해서도 없이 그는 위험천만, 파란만장으로 점철된 서른세 해의 삶을 요약했다. 또 우왕좌왕하면서도 이런저런 사건과 관련된 이름을 단 하나도 틀리지 않고, 자기가 돌아다녔던 수많은 장소 또한 하나도 틀리지 않았다. 이보다 더욱 훌륭한 것이 있다. 그가 공부를 많이 한 것도, 직업적인 뱃사람도 아닌 사람으로서 유일하게 자랑하는 것인데, 『지중해 순항』이라는 꼼꼼한 책자를 엮었다는 사실이다. 그의 말로는 필리베르 드 사부아 왕자의 부탁으로 지었지만 분실했다는 글이다. 그런데 그의 평소 활동보다 더욱 지적인 이런 활약은 매우 진솔한 것이었다. 그가 살아 있을 당시 『지중해 순항』은 마드리드 국립 도서관에 조용히 파묻혀 있었다.

우리는 까다롭게 굴기보다 이 탁월한 사람을 영예롭게 받들어 마땅하다. 우리는 그에게서 우리 인류의 지평을 단번에 엄청나게 넓힐 소중한 이익을 얻게 된다. 왜 그럴까. 그의 믿기 어려운 삶을 집어삼키고 그럭저럭 소화하고 나서, 불가분 우리와 판이한 인간적 존재방식을 이해하게 되기 때문이다. 콘트레라스라는 인간은 모험가의 극단적이며 티 없이 순수한 모범을 보여준다. 오늘날, 거창한 모험이란 기본적으로 민족과 민중과 국가가 벌인다. 집단적 소용돌이 속에서 벌이는 이런 희비극적인 모험의 다른 한쪽에서, 개인의 삶은 그 어느 때보다 더욱 규칙과 방법에 따른 수

티치아노가 그린 카를 5세 황제의 초상. 프라도 박물관.

상페뉴가 그린 리슐리외 추기경의 초상. 런던 내셔널갤러리.

단에 얽매여 있다.

그러나 서기 1600년의 사정은 이와 정반대였다. 16세기에 그 세기 내
내 유럽의 모든 민족에서 국가라는 낯선 권력이 등장했다. 중세에는 조
악한 시도에 불과했던 권력이다. 국가가 처음 등장한 이 세기에 국가는
여전히 사춘기였다. 그 목적도 명확치 않았고 그 수단도 잘 의식하지 못
하고 있었다. 결점투성이 관료제로 원탁의 기사들 같은 서사시나 펼치는
데 불과했다. 국가는 열심히 여러 사업에 뛰어들었다. 그 사업을 실현하
려고 엄청난 사람들을 국가라는 통일된 유기체로 동원해 훈련시키려 극
성을 부렸다. 이런 분위기를 신성로마제국 황제 카를 5세가 가장 잘 보여
준다.

그러나 17세기에 들어서면서 국가는 성년을 맞았고, 그 근력을 다졌다.
국가는 이제 못할 것이 없다고 믿었다. 그런 믿음으로 사회 세력에 맞선
싸움에 돌입하고, 절대 권력을 지향했다. 프랑스는 리슐리외 추기경, 스
페인은 올리바레스 장군의 국가였다. 영국은 왕 찰스 1세를 단두대로 보
낸 국가였다. 그렇지만, 이와 같은 국가는 거침없는 권력을 장악하면서,
뜨거운 심장의 열기를 잃고 모험을 혐오했다. 국가는 자기 존재 이유를
곰곰이 생각하면서, '민족국가라는 거대한 유기체'를 더욱 완벽하게 체계
화하고 공고히 하거나, 없애는 법을 배웠다. 마치, 당시의 또 다른 인물로
서 30년 전쟁의 군인이지만, 콘트레라스보다 조금 더 생각이 깊고 침착
한 페롱 지방의 기사 [출신 철학자] 르네 데카르트처럼 말이다.

이렇듯, 국가는 진지한 행동노선을 취했다. 다시 말해, 그 기능에 따른
활동을 임격한 기술로서 채택하기 시작한다. 여기에서 인간은 공무원 같
은 '직능인'으로 변신한다. 15세기에는 금시초문이던 일이다. 뿐만 아니

라, 그 이유를 여전히 해명하지도 못한 채, 심지어 그 이유를 묻지도 않으면서, 스페인에서 가톨릭 국왕 세대의 군주 페르난도와 이사벨라는 이런 심각한 문제를 처음으로 보였다. 인간은 갑자기, 자신의 과업에 훌륭하게 적응하기 시작한다. 그 불과 몇 해 전까지만 해도 즉 카스티야 왕 엔리케 4세(1425~1474) 시대에는 아무도 그런 과업을 염려하지 않았다. 당시 악착스레 반역을 꾀한 돈 후안 파체코, 베나벤테 백작, 벨트란 데 라 쿠에바 같은 어떤 군주도 어떤 직무에 헌신할 때에만 자기의 삶이 가장 충만한 의미를 지닐 것이라고는 생각조차 못했을 것이다. 말하자면, 최상의 결과를 내기 위해 가장 (직능에 충실한) 효율적 인간이 된다는 관념은 없었다. 이 군주들은 자기 직업과 책무에 적응하는 인간을 생각했던 것이 아니다. 그런 직무를 해낸 사람이 그런 직무를 값지게 할 뿐이라 생각했다. 그들의 작전에서 그 실행이야말로 가장 덜 중요했다. 작전 그 자체는 오가고, 싸우고, 흥분하고, 움직이는 척하기에 좋은 핑계이자 호기였을 뿐이다. 텅 빈 창끝에 푸짐한 것을 꽂아 돌아올 [이런 노획물을 얻을] 좋은 기회였을 뿐이다.

카스티야와 세비야로 오르내리는 기독교도들은 무어인 도시를 치려고 했을 것이다. 그들은 아로요 데 라스 예구아스를 나들목이자 거점으로 삼았다. 그곳에서 먹고 마시고, 주사위를 던지고, 엉덩이가 큼직한 짐승들을 타고 돌아다니고, 전술에 따라 잘 움직였다. 하지만 그들은 살벌한 싸움에도 안달루시아 농촌을 황폐화하지는 않았다. 지속되도록 배려했다. 그뒤, 무어인에 등을 돌린 촌장들은 과업을 미완으로 남긴 채 자기네 영지를 되찾았다. 라틴인들이 '미결사안'이라고 부르던 일이다. 부정확하고 미결로 남긴 임무와, 그 비효율적 방법은 17세기 국가의 성실함과 정반대였다. 프랑스와 영국은 부지런한 미덕에서 스페인보다 앞서나갔다. 그래서 스페인은 여러 면에서 결정적인 현대적 기술을 개발하고 게임을 주도했었지만, 손해를 보았다.

아라곤의 페르난도 2세*는 군대를 신식으로 개혁할 필요를 이해한 첫 번째 군주였다. 전투 승리라는 목적에 맞추어야 한다는 것을 알았다. 다시 말해서 깃발을 앞세우고 전선에서 무용담을 남기는 낭만적인 영웅의 모험만으로는 부족했다. 그는 비록 미숙했지만 나름대로 말라가[안달루시아 지방의 지중해 연안 도시] 앞에서 처음으로 과감히 현대적인 군사를 일으켰다. 그곳에서 페르난도는 전통적 민병 대신, 새롭게 직능兵科에 따라 체계화한 군대를 소집했다. 스위스, 보헤미아, 독일의 용병대를 합해 모두 2만의 군사였다. 시간이 걸리는 일이었으므로, 이 첫 번째 시도에서 제대로 된 것은 없었다. 그래도 원리를 익혔다. 또 이와 같은 신구 제도가 거추장스럽게 뒤섞이는 가운데 금세 '테르시오'가 등장했다. 스페인의 유명한 보병 중대다. 프랑스 대혁명 이전까지, 어떤 점에서 엊그제까지도 이어진 모든 구식 군대의 첫 번째 전형이다.

'테르시오' 즉 보병 중대는 '직업군인 무리募兵'였다. 봉급을 받고 싸웠다. 그러나 그 '대장' 곤살베 데 코르도바라든가, 나중에는 카를 5세의 장군들 지휘 아래 이 직능적인 면은 집단정신[동지애, 전우애]이라는 '인간적인' 면으로 보완되었다. 이들은 자신들이 끌려들어간 과업을 믿었고, 진심으로 자기 가정과 나라의 규율에 복종했다. 그들 모두 직업이 전투였

---

* Fernando Ⅱ(1452~1516). '가톨릭 왕 페르난도'라고 한다.

안귀솔라가 그린 펠리페 2세의 초상. 프라도 박물관.

지만 아직 그런 의식은 없었다. 자신들이 별도의 인간집단이자 사회계층을, 새로운 직업을 이룬다고 생각하지 못했다. 그들은 우발적이며 시대착오적인 민병이 아니었지만, 그렇다고 군인답지도 않았다.

군인은 1600년 무렵에 본격적인 국가, 진지한 국가와 더불어 나타난다. 이런 진지함은 '국가이성'이라고 부르기 시작하거나 오늘날 '정치'라고 하는 냉정한 것으로 구성된 진지함이다. 정치는 기술이라는 점에서 영혼이 없고 또 있다 한들, 거칠고 냉혹하고 얼음처럼 차갑다. 정치는 극소수 최고위직 몇 사람이 쥐고 있었다. 그들을 제외한 나머지 사람은 거기 섞이지 않았다. 따라서 정치는 본질적으로 하나의 비법이었다. 이미 펠리페 2세는 이런 신비술을 행했다. 프랑스에서 리슐리외 추기경은 수수께끼 같고 불가해한 인물이 된다. 이런 식으로, 정치의식과 거대한 작전과 나라를 키우려는 의지는 국가가 국가에 봉사하도록 고용한 개인의 힘에까지 미치지 못했다. 결국 목적과 수단은 완전히 단절되어 있었다.

1600년의 군인이란 자신도 모르는 목적을 위한 단순한 도구였다. 거기에 신념은 전혀 없었다. 자신의 내적 규율과 유리된 채 자기 자신을 내놓은 인간, 오직 밖으로부터, 군율에만 종속되고, 그 밖의 다른 고려에서 배제된 채 거기에 자신을 맡긴 인간이다. 그는 양가적이며 위선적인 완전한 혼란기의 소산이다. 그 시대의 정확한 표현이 바로 30년 전쟁이다. 종교전쟁의 모습으로 터져나왔지만, 유럽에서 전무후무하게 황폐하고 무참한 최초의 정치적 전쟁이다.

이렇게 여기에서, 진지함이란 다른 인간만사와 마찬가지로, 인과 밖이 있고, 선과 악이 있다. 거기에 필수불가결한 효율을 광적으로 요구하는 데서 참혹한 결과가 나온다. 오직 성공만 생각하며 장애를 뛰어넘는다. 또 애당초 성공적으로 일을 완수하려면 정당하고 적절한 수단을 뛰어넘어야 한다. 목적을 달성한다면 어떤 수단도 좋은 것이 된다. 이런 점에서 진지함과 효율과 정치는 마키아벨리즘과 동의어일 뿐이다. 사실, 마키아벨리가 실질적 영향력을 행사하던 시대였다. 세상 사람 모두가 그를 나쁘다고 했던 것은 모두들 그의 책을 읽고 공부했기 때문이다. 가볍고 막연한 환상에 젖은 채, 등잔불빛으로 저 신랄한 피렌체 사람의 이론적 훈계와 국가이성을 다룬 이탈리아 저작을 읽으면서 눈물을 흘렸던 스페인의 펠리페 4세 시대부터 그렇게 되었다. 그런데, 수단 방법 가리지 않고 목적을 이루려는 극단적인 수법에서 그 원칙적이며 병적인 도구는 바로 당대의 군인이다. 그래서 그 당시 전쟁은 서유럽의 역사에서 그 어느 때보다 황폐했다.

알론소 데 콘트레라스는 이런 군인의 훌륭한 전형이다. 다음과 같은 이유 때문이다. 그 구체적이고 고유한 의미에서, 그 이전에도 그 이후로도 유럽에 군인이란 없었다. 중세에 (직업) 군인은 없었고 전쟁터에 나가 싸우는 사람으로서 전사戰士만 있었다. 서기 1500년 이전까지 그 어떤 연대기에도 군인 이야기는 없다. 그 대신 이런저런 '기사' 뿐이었다. 군인은 그뒤에 등장한다.

자크 칼로, 알베르트 코프 같은 네덜란드 화가들은 자기네 시대의 전쟁과 군인을 보여주는 소묘와 동판화, 유화를 남겼다. 군인이 가는 곳, 전투가 벌어지는 곳 어디에서나 참상이 발생했다. 그들에게는 적지도 아군의 땅도 다를 바 없었다. 사실 그들은 친구도 적도 없었다. 그저 맹목

낭시 시에 있는 자크 칼로의 동상.

알베르트 코프가 그린 흑인 하인이 있는 풍경.

적인 전쟁기계였을 뿐, 지진이나 태풍처럼 가차 없었다. 스페인 부대가 루시용[프랑스 남부]에서 철수해 카탈루냐로 들어왔을 때, 그들의 과도한 행동 때문에 그곳에서 봉기가 일어났을 정도였다. 물론 이 고장 사람들은 항상 이런 식으로 대응할 준비가 되어 있었다. 프랑스, 이탈리아, 영국 군대도 전혀 다를 바 없었다. 그들은 메뚜기처럼 몰려다니며 살았다. 이런 생활방식을 통제하거나, 방탕하다고 여겨봐야 무의미했을 것이다. 군인이라는 사회적 인간형에 고유한 모든 비행非行은 그 직업상 이해할 수 있고 또 우리가 이해하는 것과도 걸맞다. 군인생활은 전혀 장밋빛이 아니다. 군인에게 전투와 창칼질과 총탄은 나중 일이다. 더욱 혹심하게 견뎌야할 굶주림과 추위와 전염병이 있다. 보수도 열악하다. 질질 끌거나 몽땅 떼먹힌다.

30년 전쟁이 끝났을 때—사실은 40년 이상 계속되었다—유럽에 유령과 괴상한 사람과 외다리, 앉은뱅이, 불구자가 득실거렸다. 그 몸으로 누더기만 걸치고 대륙을 누비며 구걸했다. 바로 그때 갑자기 옛날의 영광스런 잔재가 빛을 냈다. 깃털 달린 모자를 쓰고, 코르도바산産 멋진 가죽 멜빵을 두르고, 후작의 둥근 옷깃을 두른 사람들이다. 바로 플랑드르, 카셀, 노르딩겐, 발테린의 군인들이다. 자크 칼로의 그림은 이런 점에서 기록의 가치가 높다.

알론소 데 콘트레라스의 파란만장한 일생은 이와 같은 역사적 배경에서 펼쳐졌다. 그는 1582년생이다. 저 참담한 전쟁이 벌어지게 된 시대의 중심 세대로 살았다. 전쟁을 지휘한 거물들, 리슐리외 추기경은 1585년생, 올리바레스 장군은 1587년생, 만스펠트는 1580년생, 발렌슈타인은 1583년생, 옥센슈티에른은 1583년생이다. 그 당시 스페인에서 문인들은

IACOBVS CALLOT

Ant. van Dyck pinxit.

Mart. vanden Enden excudit Cum priuilegio.

자크 칼로Jacques Callot(1592~1635). 프랑스 판화가. 동판화의 선구자. 30년 전쟁을 기록한
『전쟁의 대참사』는 당대 최고의 걸작이다.

속이 비비꼬이고 삐딱한 세대였다. 예컨대, 쿠에베, 파라비시노 모두 1580년생이다. 구스타프 아돌프만 제외하면, 독일에서 경쟁하던 두 거물 장군 만스펠트와 발렌슈타인은 우리가 말했던 것을 가장 잘 확인해주는 인물이다. 두 장군 모두 대단한 모험가였다. 그중에서도 특히 발렌슈타인은 둘도 없는 모험가의 원형이다. 그는 가톨릭 군대를 지휘했지만 종교를 믿지 않았다. 원칙도 동기도 없는 사람이었고, 물론 목적도 사정도 없다. 그는 수단만 믿었다.

콘트레라스는 자녀를 열여섯 명이나 둔 가난한 집안 출신이다. 이렇게 굶주리고 식구는 많은 가정에서 카스티야 지방당국은 많은 병력을 얻었다. 당시 얼마나 많은 장정이 군인이 되었는지 아직까지 정확한 숫자가 파악된 적은 없다. 정확한 숫자를 알기란 불가능할지 모른다. 역사에서 통계수치는 물리학처럼 양적 정확성과 결부되지 않는다. 역사에서는 어림수가 질적 기능을 맡는다. 우리가 찾는 것은 정확한 수치가 아니다. 정확한 증언이다.

콘트레라스는 어렸을 적 학교 수업을 마치고 나오던 길에 다른 소년을 죽였다. 작은 칼을 놀렸던 것이다. 죽은 소년은 검사[알구아질. 요즘의 검사와 비슷한 직위. 범죄자를 체포, 심판하고 처벌권을 행사한다. 구역 치안 및 법질서 책임자]의 아들이었고, 콘트레라스는 구속되었다. 그가 풀려났을 때, 그의 어머니는 그를 금은세공사에게 보냈다. 첫날부터 그는 구리 도장을 안주인에게 던져 머리에 상처를 입혔다. 그리고 귀가해서 어머니에게 군인으로 나가겠다는 결심을 밝혔다. 하지만 아직 나이가 모자랐기에, 그는 부대 취사반 보조로 들어갔다. 그는 그 일을 금세 잘해냈다. 그러자 대장은 자기 장비 보초 일을 맡겼다[일종의 당번병]. 주된 업무는 그가 조직한 군악대 의상관리였다. 군대 악극단에도 참여하게 했다. 트릭을 쓰는 군 인이자 모리배였다. 이때부터 콘트레라스의 생활방식은 놀랍기만 하다. 그는 병사가 되기로 작정하고 전장으로 달려간다. 그 김에, 배우 노릇을 하고 무대에 오르기도 한다. 이것은 대체 무슨 뜻일까. 인간적으로, 이 짜릿한 운명은.

콘트레라스는 이탈리아에서 민병대에 들어간다. 그뒤 시칠리아와 몰타 로 건너간다. 몰타는 당시 이슬람과 대치한 기독교의 최전방 해군기지였 다. 매 5년마다, 아시아는 여러 집게로 유럽의 목을 무섭게 조였다. 그 집 게의 하나는 우랄 산맥을 넘어 다뉴브까지 겨냥했다. 또 다른 집게는 북 아프리카 연안으로 쑤시고 들어와 모로코까지 닿았다. 1600년경, 이 집 게를 놀리는 손잡이는 터키에 있었다. 지중해 동부는 따라서 가장 위험 천만한 곳이었다. 그 최전방은 항상 비상경계 아래에 있었고 바로 그곳에 몰타가 있었다. 또 이 섬에 '예루살렘 성 요한 기사단(병원기사단이라고도 한다)'이 있었다. 가장 위험에 노출된 이곳이 겁 없는 콘트레라스의 순진 한 마음을 곧바로 사로잡았다. 인간적 과오를 차갑고 잔인하게 저지르는 그의 모습을 들려주는 이야기는 절대 무시무시한 분위기가 아니다. 그 이야기가 순진함을 활용할 줄 아는 것과 마찬가지로, 마치 위대한 수학 자의 이야기가 그렇게 들리듯, '못된 골통들'의 황당함을 활용할 줄도 알 았다.

유럽의 수많은 이런 못된 골통들이 몰타로 몰려들었다. 콘트레라스는 그들이 프랑스와 이탈리아 출신이라고 가르쳐준다. 이런 사람을 화자가

이른바 프랑스의 못된 골통들의 하나를 그린 자크 칼로의 판화.

된 콘트레라스 자신까지 포함해서 "레반트 사람"이라고 불렀다. "사람들은 이들을 정신나간 놈들로 여겼다"고 그는 기막히게 실토한다. 레반트 사람이 나타나면 사람들은 아연실색했다. 사실 아무것도 남아나지 않았다. 뒷마당의 암탉도, 외양간 통 속의 새끼 양도, 은밀한 곳에 숨었던 처녀도 모두 안전하지 못했다. 이 레반트 사람은 당시의 사납고, 대담하며 규율 없는 군인의 극단적 사례로서, 어디서나 그 본때를 보였다.

이런 가운데, 몰타는 계속되는 전쟁 속에 살았다. 지중해 한복판이나 아드리아 해 깊숙이까지 막강한 전함을 보낼 태세가 되어 있던 '터키의 습격' 위협이 끊이지 않았다. 콘트레라스가 겪은 위험한 시도 가운데, 적들의 심장까지 들어간 수차례 원정을 꼽아야 한다. 그곳까지 잠입해 악몽 같은 함대의 정보를 수집하곤 했다. 그 밖에도 전함과의 전투가 일상적이었음은 말할 나위 없다. 알론소는 두루미처럼 육지에 발을 들여놓지 못했다. 그가 조금 틈을 엿보았지만 바로 그때 출항하는 소형 갤리선으로 돌아가라는 명을 받곤 했기 때문이다. 그래서 다시 돌아가진 못했다. 사략선[코르사리오. 민간 선박이지만 경우에 따라 군 작전에 동원되기도 하는 범선]과 해적선을 추격하고, 생존자를 안전한 항구로 옮기며, 살로니카의 유대인 금융인 같은 사람들의 안전을 확보했다. 그러면서, 아무 말도 미련도 없이 콘트레라스는 돛을 올리고 바람 따라 전함을 타고서 험준한 항로를 개척하며 빗발치는 총탄 속을 돌파해 개선하곤 했다. 노획물을 실은 예인선을 끌거나 돛대에 배신자를 거꾸로 매단 채로……. 그의 『회상록』으로 장엄한 천연색 영화를 만들 수도 있을 것이다.

접경지대, 즉 전선戰線은 운명의 아이러니로 넘친다. 두 세계로 갈린 틈바구니에서, 다른 편에 사는 사람들은 결국 아말감처럼 섞이고야 만다. 몰타는 무어인(북아프리카인)과 터키인으로 갈라졌다. 그곳에 둥지를 튼 사나운 매 같은 기독교인은 그 사고방식이나 도덕에서 아나톨리아나 바르바리(북아프리카 사하라 이북 지중해 연안) 사람들과 크게 다르지 않았다. 이렇게 맞선 사람들 사이에서 항상 놀라운 평준화가 이루어졌다. 그의 회상록은 얼마나 양측이 똑같이 잔인했는지 잘 보여준다. 적진으로 그토록 자주 쳐들어간 이유였다. 또 콘트레라스는 무어의 돛배 갑판에서 이리 뛰고 저리 뛰면서도 자신이 목을 졸라 죽이려던 선장이 스페인 내륙 서남부 엑스트라마두라, 또는 영불해협에서 변절한 옛 친구였다는 사실도 몰랐다. 팔레르모와 마르세유 출신이 아닌 다음에야 분간하기 어려웠다. 알론소는 결국 터키인과 기독교인을 구별하는 단 한 가지 방법을 찾아냈다. 수면 위로 시체가 떠오를 때 등부터 보이면 터키인이고, 배부터 보이면 무어인이다.

파도를 가르며, 우리의 레반트 사람들은 엄청난 소득을 올렸다. 노획물을 배당받고 번쩍이는 금화로 보상받았다. 물론 기사단에 내놓을 것을 번번이 슬쩍 하기도 했다는 것을 알 수 있다. 그러나 이 모든 소득은 이런 모험꾼들의 주머니 속에 남아 있을 틈이 없었다. 바람에 날리는 꽃씨처럼, 도박과 여자가 그들의 금화를 털어내게 했다. 선장이 선상에서 도박을 금지해 카드를 숨기자 작은 벌레(이, 벼룩)로 도박을 했다. 콘트레라스는 이런 식의 웃음을 자아내는 이야기를 들려준다.

언제든 터질 듯 잔뜩 긴장된 이 사내들의 생활은 항구에 들어가면 느

슨하게 풀어진다. 지중해가 낳은 힘이 넘치는 고전적이고 낭만적인 항구들이다. 그리스와 리비아의 섬들, 튀니지와 시르트[오늘날의 가베스 만] 연안 항구들이다. 콘트레라스가 좋아하던 배경은 오늘날에도 바닷가에서 들을 수 있는 파도소리로 유명한 람페두사 같은 섬, 옛날에 인어들이 앉아 있던 암초처럼 '수평선 끝의' 섬들이다. 항해에서 사랑에 굶주려 돌아오는 콘트레라스를 그의 '퀴라카(여자를 뜻하는 보통명사)'가 항구에서 기다렸다. 그 여자도 지중해의 유명한 매춘부 가운데 한 사람이다. 아름답고 또 세상의 모든 깜찍하고 요사스런 짓에 능란한 여성이다. 콘트레라스의 짝도 사내의 돈을 탐내는 욕심쟁이 요부였다. 그래도 그 돈으로 그녀는 신중하게 집을 지었다. 물론 얼마 못 가 그를 속였지만 알론소는 원망하지 않았다. 그는 절대로 뒤를 돌아보지 않았다. 그는 낡은 허물이 벗겨진다고 아쉬워하거나 그리워하지 않았다. 또 새 허물에서 밝아올 날을 보는 법을 뱀에게서 배웠다. 그뿐만 아니라, 누구도 그의 칼끝에 떨어지는 벽력같은 사랑과, 죽음과 죽음의 틈바구니에서 갑자기 운명에 찢겨나가는 쾌락의 섬광을 가로막지 못했다. 그가 죽인 자의 죽음과 장차 그를 위협할 죽음의 틈바구니에서……. 그는 매순간 자기 목숨을 내걸면서 번 돈을 모조리 사랑에 바쳤다고 했는데, 이는 그럴싸한 말이 아니라 진실한 글이다. 밀짚으로 채워진 채 로데스의 성문에 내걸려 흔들리는 그의 충직한 선원의 거죽이 그 증거가 된다.

몇 해 뒤, 콘트레라스는 스페인으로 귀향한다. 그는 바다에서 많은 승리를 거둔 중대장급의 계급으로 내륙에서 일하고 싶어했다. 에시하Ecija(세비야 근처 마을)에 소집된 새 중대장이면 괜찮았을 것이다. 엑스트라마두라 지방, 호르나초스 읍내에서, 그는 암탉이나 잡을까 하고 무어인

바로크의 거장 벨라스케스가 그린 펠리페 3세의 초상.

의 집에 들어갔다. 펠리페 3세 시대였다. 그러나 암탉 대신 지하로 통하는 문짝을 발견했다. 콘트레라스는 그곳으로 내려가 깔끔하게 채색된 커다란 관 세 개를 발견했다. 암탉 대신 그는 시신과 함께 매장한 보석이 있겠다고 중얼거렸다. 그는 검으로 뚜껑을 열었다. 관은 무기로 가득했다. 상상에 불과했을지라도, 누구든 모리스코[기독교로 개종한 무어인]를 쫓아낼 핑계를 찾고 있을 때 사실상 그들이 반란을 준비한다는 물증으로 이보다 더 확실하고 결정적인 증거가 어디 있을까? 콘트레라스는 이 엄청난 발견을 상관에게 보고했다. 하지만 수수께끼처럼 보고를 받은 상관은 그에게 아무 말도 하지 말라고 지시했다. 이 사건은 콘트레라스에게 심각한 결과를 초래했다. 터키인이 아니라 스페인 형리에게 자기 목을 내밀어야 할 판이었다. 그는 이때 왜 침묵했는지 제대로 밝히지 않았다. 그는 금전을 받았다고 고발되었지만, 그는 자신이 무고함을 입증할 수 있었다. 그래도 요점은 여전히 모호하다. 우리는 무언가 중대하고 음험한 음모가 있었다는 인상을 지울 수 없다. 그렇지만 밝혀지지 않은 이 문제와 또 다른 미제들이 이야기의 사실성과 나란히 공존한다. 바로 이와 같이 드러나지 않고, 은폐된 대역죄의 소용돌이에 휘말리는 컴컴한 구멍들이야말로 순수하게 있는 그대로의 사실이다.

아무튼, 이런 뜻밖의 은밀한 무기의 발견이야말로 콘트레라스의 삶을 예견하게 하는 상징성을 띤다. 억누를 수 없는 운명이다. 이 영웅이 발을 들여놓는 곳마다 어디서든, 모험과 사악한 발길과 착잡한 일이 꼬인다. 그가 골목길을 돌아나올 때마다, 최소한 검을 빼들지 않거나 검사가 나서서 해결할 사건이 벌어지지 않는 함정에 빠지지 않은 적이 없다. 그런 곳에서 그는 수없이 살인을 저질렀다. 그가 밀이삭이 자라듯 완전히 태연하게 말하는 이런 사건들은 그의 운명과 불가분하다. 그만큼 그런 사건들이 공공연하며 유명했다는 점을 주목하게 한다. 무엇보다도 과연 그의 잘못이 그의 책임일까? 상당히 놀랍게도 이런 질문이 튀어나올 만할 때에도, 콘트레라스는 단 한 번도 그렇게 묻지 않는다. 그가 얼마 뒤 부유한 스페인 과부와 이탈리아에서 결혼하고 나서, 침대에 있던 아내와 어떤 사내를 찌를 수밖에 없었을 때, 그것이 사실상 그의 잘못일까. 마치 생물학자가 두 마리 곤충을 수집용 상자에 핀으로 꽂듯이, 콘트레라스에게는 편견이 없었다. 그는 앞으로 나아갈 뿐, 그 길 위에 운명이 깔아 놓은 것에 책임질 일은 없었다.

이 가엾은 악한은 중대장에 임명되지 못한다. 그는 사방에 호소하면서 이 도시 저 일감을 전전한다. 그러다가 결국 펠리페 3세를 알현하게 되고 발령 약속을 받았다. 그렇지만 대신들은 그를 따돌렸고, 궁정 측근들과 칼싸움을 벌였다. 그가 전하는 바에 따르면, 저녁 때 그 이야기를 들은 왕은 웃음을 참지 못했다고 한다.

콘트레라스는 침묵했다. 그러나 그는 군주와 궁정 사람들을 못마땅해 했던 것 같다. 사실, 조정대신, 징세관과 법관들은 거대한 음모로 얽혀 있었다. 교활하든 아니든 그 분야 사람들은 제국의 수많은 틈새에 자기네 목숨을 걸고 희생을 감수했다. 군대 총사령관으로서 그렇게 희생된 사람은 한둘이 아니었다. 제노아의 명장 스피놀라도 한 예가 될 것이다. 궁정의 갖은 세도와 외면 때문에 격분하고, 원통해하고 좌절한 끝에 죽었다.

콘트레라스도 이 같은 위기를 겪지 않았을까? 우리가 알 길은 없다. 사실인즉, 그의 삶은 가장 예기치 못한 국면으로 돌변하곤 한다. 젊은 귀신처럼 소리아(스페인 중부지방) 근처 몽카요Moncayo 골짜기에 들어가 은둔자가 된다. 우리는 그에게서 기대하기 어려운 것을 기대하고 말게 된다. 그는 우리의 상상을 다시금 훌쩍 뛰어넘는다. 아그레다Agreda라는 몇 킬로미터 떨어진 황야에서, 수도사 옷을 입고 손에 지팡이를 들고 은둔하며 금욕생활에 접어든 것이다. 1608년쯤의 일일 것이다. 그보다 조금 뒤이거나.

그 무렵 아그레다에 토끼처럼 놀란 눈의 일곱 살짜리 소녀가 있었다. 소녀는 그 큰 눈으로 이 특이한 은자, 그 고장에서 유명해진 은자의 거동을 자세히 살피기 좋아했다. 이 소녀가 훗날의 마리 다그레다(1602~1665), 펠리페 4세에게 자신의 유명한 서한집을 바친 수녀원장이다. 훌륭한 서한이지만 거의 알려지지 않았다.

콘트레라스는 소리아 황야에서 편안해했다. 전함의 대포를 끼고 있을 때나 여자를 안고 있을 때처럼 행복해했다. 이런 기질의 사람들은 항상 행복해할 만한 이유가 있다. 그러나 우선 그가 수수께끼 같은 변신에 빠져들 때 놀라지 않을 수 없다. 정신을 차려야지, 끝이 없다.

어느 날, 경찰과 무장한 사람들이 요새라도 공략하듯, 잠시 수도사가 된 그의 동굴을 에워싸고 그를 붙들었다. 무슨 이유로? 콘트레라스가 모리스코의 왕이라고! 아, 앞에서 말했듯이 영화로 만들어도 이만큼 흥미진진할 수야 없을 것이다. 호르나초스에서 우연찮게 발견한 무기 때문에 우리의 영웅은 법이라는 진흙탕에 말려들고 또 최후의 모험에 뛰어들지 못하게 된다. 붙들린 그는 오랏줄에 묶인 채로 여기저기 끌려다닌다. 아무 말도 없이 감옥에서 끌려나올 때마다 그는 먹잇감이 되는가보다 생각한다. 정해진 과정이다. 단호하고 부지런하게 그가 마드리드로 자신의 무죄를 입증할 반박의 여지없는 증거를 내놓을 때에도, 피냐 서기는 이렇게 말한다.

"만약 당신이 당신의 출생과 양가의 조상을 탐문하는 데 들인 만큼 돈이 있었다면 한동안 영주처럼 살 수 있었을 것이오. 어쨌든 당신 가계에 의심스런 점이 전혀 없었으니 다행 아니오. 만약 그랬다면 교수대로 가지 않았겠소."

치안 당국이 콘트레라스에게 모리스코의 왕이라는 혐의를 가졌던 것은 혼선이었을 뿐이다. 검사는 항상 시적인 재능을 지녔다. 특히 이 경우 그런 상상은 혼란에서 나왔다. 하지만 시의 정신은 모든 것을 혼동하는 모험 아닌가?

언젠가 그 재판 기록을 찾아낼 수 있을지 우리로서는 알 수 없다. 그것을 찾아낸다면 당시 베일에 싸인 이 스페인 사람의 면면을 밝힐 수 있을 것이다. 콘트레라스는 가는 곳마다 운명처럼 말썽과 복잡한 문제에 얽히곤 했다. 그러나 그는 소박하게 사실과 행동이 벌어진 현장을 밝혀주는 이야기를 한다는 보기 드문 덕목을 지녔다.

수많은 경험과 또 중대장이 되려다 좌절한 데서 콘트레라스는 적어도 한때나마 대륙에 자기 자리가 없다고 믿었다. 그는 자신의 본래의 배경으로, 몰타의 험한 바위섬으로 되돌아온다. 그의 듬직하고 혁혁한 무공으로 얼마든지 수차례 중대장을 맡고도 남았을 것이 분명하지만, 그가 그렇게 자리를 얻지 못한 것이 그에게 배경이 없고 부정한 음모에 휘말린 때문인 것도 분명하다.

아무튼 이 회상록의 모든 고비마다 이런 불운의 또 다른 원인이 엿보인다. 엄청나기도 하거니와 지나치기도 한 극단적인 전사戰士로서 레반트 사람은 육지의 병사들조차 적응하기 힘든 존재들인데, 이것이 모든 것을 말해준다. 어디든 예외는 있다. 어떤 부류의 한계를 벗어나고 뛰어넘는 사람이 없는 곳은 없다.

이 책에서 우리는 다른 데서 듣지 못할 말을 들을 수 있다. 즉 콘트레라스가 가는 곳 어디에서나 빚어지는 불안과 걱정이다. 그와 비슷한 사람들처럼 그도 이전의 유감스런 유명세를 치렀다. 사람들은 그의 용맹에 감탄하면서도 가능한 먼 곳의 일이기를 바란다. 게다가, 우리가 입증할 수 없을 텐데도—이 점에서 독자들이 의견이 같을지 모르겠지만—우리는 그 사람의 신체와 아마도, 그의 군인 복장에서, 어딘가 종잡을 수 없는 (엄청난 것), 엉뚱하고 희화적인 것을 보려고 하지 않을까. 그 시대에 이미 가장 정상적인 군인도 과도한 복장을 하곤 했었다. 제복은 없었지만, 각자 자기 나름대로 자유롭게 멋을 부려 환상적으로 챙겨 입었다.

마음대로 차려입는 것이 군인의 특권이었으므로 병사의 복장은 사회적으로 그 직업을 단김에 드러냈다. 스페인 국왕부터 전 국민에 이르기까지, 검정이나 갈색 옷을 입었는데, 챙 넓은 모자에 오색 깃털을 꽂고, 짧은 바지에 꼭 끼는 저고리를 입고, 기다란 띠를 두르고, 리본과 술 장식에 어깨 위까지 옷깃을 올린 채 금빛 털을 반짝이는 꿩이나 열대지방의 새 같은 모습으로 거리를 지나가는 병사를 본다는 것은 축제나 다름없었다. 프랑스와 카탈루냐에 맞서 출정하는 군대가 카스티야나 마드리드를 행진하던 모습을 어떤 예수회 신부가 묘사한 기록이 있다. 짧은 편지 두

세 통이지만, 만약 그가 문인의 길로 나섰다면 당대 최고의 작가가 되었을 듯하다. 루카스 랑헬Lucas Rangel이라는 신부다. 그는 그 무렵에 고유한 매우 인상적인 문체로 그 대열을 이렇게 묘사한다.

"스페인 사람답게 천천히, 내일이 어찌 될지도 모른 채 군인들이 행진한다. (…) 마드리드는 장화와 붉은 외투로 넘친다. 고추를 넣어 말리는 계절의 모습처럼, 빨갛게 물든다. 만약 이 화려한 깃털과 치장이 떨어진다면, 프랑스와 카탈루냐에서 우리는 별 볼 일 없어지지 않을까."

이런 치장에 콘트레라스는 호감을 주지 않고 야해 보이는 다른 것들을 덧붙였을 것이다. 그의 옛 적수로 고위직에 오른 한 군인은 그를 "연희부대장(오늘날의 선전대)" 같다고 했다. 그는 노련한 검객이었다. 그가 고국 땅에서 중대장이 되고 지역사령관이 되는 것은 성 요한 기사단원으로서 중년까지 기다린 뒤의 일이었다. 그렇게 기다리는 동안, 그는 모험에 넘치는 생활을 계속했고 서인도로까지 건너갔다. 그곳에서 그는 '구아타랄'의 배들을 무찔렀다. 그 해적단의 낯선 이름만큼이나 그 대장 월터 롤리*에 대해서도 적지 않은 사실을 알려준다.

여기는 이 끝 모르는 여행자의 순례를 이야기할 자리는 아니다. 난동과 용맹, 싸움과 난봉은 새벽 공기를 붙잡아두려는 것만큼이나 헛된 일이다. 그게 다 어떻다는 말인가? 그의 삶에서 절대적인 것도 아니고 다른

---

* Walter Raleigh(1552~1618). 엘리자베스 1세 여왕의 총애를 받은 해군 출신 문인, 정치인, 탐험가. 전설적인 영국 해군 사략선장으로 스페인 무적함대의 몰락에 한몫했다. 북아메리카 식민화에 앞장섰으며, 무신론자의 비밀결사에 가담했다는 설도 있다. 담배를 유럽에 도입한 장본인으로도 알려져 있다.

것으로 대신할 수 있는 일이다. 진정한 모험가의 삶에 궤적이란 없다. 궤도를 따라가는 삶에서라면, 거의 어떤 것도 다른 것으로 대신하지 못하거나 무관하지 않은 것이 없다. 즉 직업 때문이든, 무쇠 고집 때문이든, 천천히 오랜 과정으로 죽 이어지는 삶에서는 그것에 낯선 것은 완전히 배제되고 이어질 길만 따르는 법이다. 그러나 역설적으로 모험가의 소명은 그런 길을 따르지 않는다. 즉흥적인 삶이자, 작은 일화들로 나뉜 대서사시다. 짜인 줄거리가 아니다. 하나의 삶에서 또 다른 삶으로 다시 태어나려고 거의 매일 죽는 삶이다.

콘트레라스는 그 수많은 영웅적 행적 가운데 오직 하나만으로도 영웅이 되고 남을 만하다. 그런데 그의 이와 같은 무용담은 하나만이 아니라 서로 다른 수많은 영웅으로 갈라진 단편들의 집대성이다. 그런 식으로 항상 끝나고 또다시 시작된다.

보통 사람의 균형잡힌 삶이란 충동과 상상이라는 두 힘이 서로 억제하는 데서 나온다. 우리는 적당한 상상으로 우리의 직업과 소명이라는 생활계획을 꾸미고 또 그런 계획에서 우리의 행동을 지속할 수 있게 조절하려 애쓴다. 그러나 이와 동시에, 위험천만하고 힘겹게 우리를 기다리는 미래 앞에서, 우리는 거칠고 본능적인 충동을 다스리고 억제하는 메커니즘을 만들어낸다. 이런 충동이 곧 우리의 상상을 자극하고 흔들어댄다는 점이 다행이다. 그렇지만 모험가는 타고날 때부터 이런 메커니즘을 제대로 갖추지 못한다. 우리는 흔히 '열렬한 상상'에 사로잡혔다고 말하지만, 사실은 그와 정반대다. 모험가는 태어날 때부터 상상력이 빈곤하다. 이것이 그에게는 운명적이다. 그는 자신의 미래를 대비할 줄 모른다. 그는 앞날, 아주 가까운 앞날조차 보지 않는다. 거기에 소명은 없다. 반복하지만, 소명은 우리 존재의 짜임새 같은 것이다. 우리가 구해야 할 상상의 미녀를 그리면서 틀에서 짜낸 무늬 같다.

만약 모험가가 이런 사람에 불과하다면, 그는 병적인 존재로서나 살았을 것이다. 하지만 자기 앞날을 그려볼 줄 모르는 무능이 충동적 기운을 제어하는 데 필수적인 메커니즘에 걸림돌이 된다. 이런 경우 충동이란 그 자체가 비대증에 걸린 것이다. 따라서 모험가는 원래 충동적이다. 그는 성찰하지 않는다. 그런데 성찰이란 무엇일까? 미래를 자세히 상상하는 것 아닐까? 미리 경험하는 것 아닐까? 모험가의 대담성은 대부분 그가 자기 앞에 닥쳐오는 위험을, 특히 그 결말을 그려보지 않는 데서 나온다. 아찔한 곡예놀이를 하는 꼬마들에게 죽을 가능성이 빤히 보이지만, 그것은 다른 사람들의 죽음이지 그들 자신의 죽음은 아니다. 그래서 전쟁에서 항상 청년들이 뛰어난 적성을 보인다. 그들이 죽음을 찾아다닌다고 해서, 자신의 죽음을 찾는 것은 결코 아니다. 모험가는 최후의 순간까지 철없는 늙은이 같은 모습을 보여준다. 정답고 신선한 인상이다.

이렇게 충동이야말로 모험가의 운명을 빚어낸다. 그의 삶은 충동적 정력에서 뛰어나오며, 껑충껑충 이어지는 연속극 같다. 마치 메뚜기처럼. 무방비 상태로, 해칠 줄도 모르며, 아무런 고정관념 없이, 벌판 어디에서 있다. 그러다 갑자기, 이유도 없이, 돈키호테 같은 사지를 부르르 떨며 튀어오른다. 방법도 모르면서, 어딘지 알 수 없는 곳으로 다시 뛰어내릴 때까지 허공을 날아오른다. 그러니 뜻밖의 상황에 직면하지 않을 도리가 있을까? 본젤스Bonsels[아동문학가, 1880~1952]는 몇 해 전에 메뚜기에 대한 놀라운 설명을 내놓았다. 모험가도 메뚜기처럼 어떤 행동이든 미리 숙고하지 않고 몸을 던져 일을 벌인다. 고약한 곳에 발을 들여놓고, 그때그

때 문제에 직면한다. 그것이 전부다. 바로 이런 것이 행동파['액션'물의 주인공]의 순수한 참모습이다. 그에게 큰일이란 이것이든 저것이든 가리지 않고, 무엇인가를 하는 것이지 성찰하는 것이 아니다. 모든 모험가들 가운데 가장 거물이던 나폴레옹 보나파르트가 이 모든 사실을 고백했다. "나는 우선 뛰어든다. 그러고 나서 생각한다."

이런 이야기를 더 할 필요는 없겠다. 이 정도 이야기로도 콘트레라스의 분방한 삶을 가두고 있는 투명한 틀 속을 들여다볼 만하기 때문이다. 그것을 들여다보면서 우리는 정치와 군사에서 이 모험가의 삶이 남긴 모호한 인상을 받게 된다. 콘트레라스가 펼치는 무모한 과감성과 체력은 기막히기 짝이 없다. 그는 거인 같은 체력과 정신력을 지녔다. 우리에게 익숙한 모습이다. 눈 한 번 깜빡하지 않고, 웃음을 머금고서, 얼굴을 꼿꼿이 세우고 우리가 보기에 벗어날 재간이 없는 위험천만한 상황에 맞서는 노회한 정객의 이미지 같다. 어두운 심연 속으로 당당히 걸어들어가는 이런 확고함은 감동적이다. 그러나 나중에 사건의 전개를 보면 이런 담대함이 거의 무의식적인 것이었음이 드러난다. 우리는 5층 건물 위의 난간을 걷는 몽유병자의 밤나들이에 감탄했을 뿐인 것이다. 이렇게, 모험가의 행동 앞에서 우리는 항상 주저하며, 감탄스럽기도 하고 황당하기도 하다는 인상을 받는다.

콘트레라스나 그와 비슷한 사람들에게서, 행동이 어떤 목적을 겨냥하지는 않는다. 행동은 또 다른 행동으로 뛸 뿐이다. 이런 사람들의 삶은 점들로 구성된다. 고립된 단순한 순간들의 연속이다. 미래에 대한 걱정은 현재의 무게중심이나 어떤 목적과도 무관하다. 그들은 과거를 그다지 돌아보는 편도 아니다. 행동파가 솔직한 회고록을 거의 남기지 않은 것도 이런 이유 때문일 것이다. 어제와 오늘에서 자유로운, 모험가의 모든 정력은 순간적 시각의 지점으로 수렴된다. 마치 안테나 끝에 모이는 전기 같다. 누가 여기에 맞설까? 이렇듯 매순간, 이런 식의 삶은 비할 데 없고, 숭고하며 절대적인데. 그러나 두 순간을 합치게 할 방법은 없고, 구경꾼이 열광하는 구경거리 그 자체는 그 순간순간 사이의 공허함일 뿐이다.

물론, 콘트레라스는 대역죄인들을 베기도 했다. 이런 사람들은 "꺼져! 죽지 않으려면"이라고 외치며 살아가는 사람이다. 이런 주술에서, 우연이 모든 장치를 영원불멸하게 짜 맞춘다. 격투와 혼잡, 재난과 격변을. 이 모든 것이 칼끝으로 모인다. 본의 아니게 그런 사람의 가쁜 숨은 죽음을 불러들인다. 콘트레라스가 올리바레스 백작의 친척 아저씨 돈 발타사르 데 수니가와 중대장직을 다툴 때, 콘트레라스에게 칼을 뽑았던 돈 페르난도 카리요가 끼어든다. 콘트레라스는 그에게 격렬하게 항의하지만, 그는 뒷걸음을 치다가 혼자 넘어지더니 나중에 사망한다. 이탈리아에서, 정상적인 임무를 수행하던 콘트레라스는 베수비오 화산 곁에서 살았다. 화산도 가만히 있지 않았다. 불을 뿜고 터져나왔다.

이렇게 아주 자연스럽지 않다면 이런 진짜 행동파 인간에게서 자신의 회상으로 기록한 모든 것을 무엇으로 추론할 수 있을까? 앞에서 말했듯, 앞뒤 돌아보지 않는 그런 머리로, 과거로 돌아가보려는 일이다. 먼저 누린 즐거움을 떠들고 독자를 놀라게 하는 재미에 빠지는, 대담한 시도에 몸을 던진 사람들이 있다. 이들은 가짜 행동파 인간들이다. 그들의 무용담을 자세히 들여다보면, 모든 것이 작위적으로 꾸며졌음을 알게 된다.

폴리네시아의 가장 외따로 떨어진 작은 섬들에서, 위대한 인류학자 레이먼드 퍼스*는 놀랍게도, 또 다른 세계로 데려가 보여달라고 애원하는 청년들에 시달렸다. 어떻게, 다른 땅에 대한 최소한의 직관적 지식도 없는 그 젊은이들이 먼 여행의 위험을 무릅쓰고 가보고 싶어할 만큼 매력적인 땅을 상상할 수 있었을까? 이 문제를 조사한 퍼스는 금세 이해했다. 그들이 그렇게 안달하고 꿈꾸던 것은 낯선 땅이나 여행이 아니었다. 그들이 꿈꾼 것은 가려는 것이 아니라 되돌아가려는 것이었다. 그들은 이미 왕의 오두막 앞에서 오디세우스의 이야기를 들었다. 격언이었다. 많이 보는 사람이 많이 거두리라고. 마치 아킬레우스가 평생 호메로스의 꿈을 대신한 것과 비슷하다.

진정한 모험가는 이와 완전히 다른 사람이다. 그 자신의 무용담을 이야기하려는 생각에 그다지 얽매이지 않는다. 그는 기억을 쌓아두지도 않는다. 기억이란 그의 삶에서 돈벌이 같다. 그는 삶을 아끼지 않고 낭비하며 그저 되는대로 써버린다. 행동을 위한 행동의 열혈당원이다. 얼마 전부터 나타난 예술을 위한 예술을 하는 시인과 화가들 같다.

따라서 콘트레라스의 회상록이 존재한다는 것은 기적에 가깝다. 그의 글쓰기 방식은 별도의 문제다. 극히 드문 예외만 있을 뿐, 당시 스페인 문학은 수사학에 젖어 있었다. 그래서 그 '고전' 읽기란 숨막히게 답답하다. 그런데 다행히, 콘트레라스는 일생 책을 읽은 적이 없었다. 그러니 그의

---

* Raymond William Firth(1901~2002). 뉴질랜드 인류학자. 경제인류학의 창시자. 런던정경대 LSE 교수 역임. 솔로몬 군도와 마오리족 전통 사회 연구의 권위자.

문체는 당시 수사학의 전반적인 범람과 무관했다. 그는 군더더기 한 마디 없이 곧장 사실로 직행한다. 그는 자신의 놀랍고 파란만장한 모험을 무척 수수하게 들려주기 때문에 그 이야기는 중세 무훈시의 예스러운 모습마저 띤다. 극단적 위험에 처해 튀어나오는 대화 같은 것은 너무나 묵직해서, 그와 같은 맥락에서 프랑스와 스페인 기사들의 무훈시 같은 것을 연상시킬 만하다.

그의 문체 자체가 모험에 뛰어드는 발걸음처럼 다가온다. 수사를 걷어치웠다고 해서 구차하게 설명하려 하지도 않는다. 순수한 이야기다. 이런 담백함에, 물론 멋을 부리려는 시도조차 하지 않아, 읽기에 아주 그만이다. 그 문체는 그가 이야기하는 삶과 같은 샘에서 솟아난다. 즉 과거와 미래를 화려하고 세세하게 재현할 수 없다. 건조한 상상력이야말로 그 장점과 미덕이다. 훌륭한 문헌학자에게 주목해보라고 하고도 남을 정도다.


콘트레라스는 우리가 말했듯이 행동을 위해 행동을 실행한다. 아무튼, 놀라운 것은 이런 행동이 그 자체로서 그에게만 고유하며 또 사실상 특별하게 '타고난 재능'인 문학적 효력을 지니기도 한다는 점이다. 이 회상록의 몇 장은 다른 어떤 문헌도 하지 못할 당대 스페인 생활의 일부를 밝혀준다. 콘트레라스는 그 맥락이나 인물을 묘사하는 데 절대 주저하지 않는다. 그는 사실만 엄격하게 전달하려고 한다. 여기에서 문제가 나온다. 어떤 글이 어떻게 우리에게 말하지도 않는 것에 대한 조형적 시각을 보여줄까? 설명하기 까다로운 문제다.

그의 행동은 다른 여러 살아 움직이는 사람들의 개입과 더불어 제한된 장소에서 벌어진다. 그 이야기가 수수할수록, 각자 역할을 맡은 사람들의 윤곽과 모습은 그만큼 뚜렷할 것이다. 추가적 설명이라는 것은 항상 그 행동이 우리 뇌리를 자극하는 자발적 이미지를 흐리게 할 위험이 있다. 만약 콘트레라스가 묘사의 달인이었다면, 그는 당대의 문학적 규율에 자신을 팔아서만 그렇게 했을 것이다. 그랬다면 사물과 그 사태 대신 관례적 이미지나 나왔을지 모른다. 반면에 엄격하게 절제되어 이야기하는 행위는 그 주변 세계의 모든 부분을 비할 데 없이 선명하게 밝혀주는 형광등 같은 힘을 띠게 된다. 여기에서 이 회상록의 경이로움이 나온다. 어떤 모험은 스페인인의 삶의 오장육부 속으로 깊숙이 파고들어 그 속을 갑자기 밝히기 때문에, 의사들이 우리 속을 들여다볼 때 사용하는 섬세한 전등 같다.

콘트레라스가 들려주는 세 차례 입궐처럼 왕들이 일상 업무를 보는 방식을 그처럼 환하게 꿰뚫어본 사람은 결코 없었다. 앞에서 우리는 그가 에스쿠리알 궁으로 펠리페 3세를 알현하기 위해 갔던 일을 이야기했다. 또 서너 줄씩에 불과하지만 펠리페 4세가 등극한 지 얼마 되지 않았을 때 그의 면담을 허용한 장면은 더더욱 생생하다. 마치 우리가 그 왕정의 가족적 위계질서 속으로 걸어들어가는 듯하다. 유럽의 전통과 다르게 신성한 인간들로서 위신을 지키려 했던 그 왕의 세계 속으로 말이다.

콘트레라스는 큰 위험을 무릅쓰고 믿기지 않게 빠른 속도로 카디스를 떠나 마모라[모로코] 요새 구원 작전을 마치고 마드리드로 귀환했다. 펠리페 4세는 이 원정의 세부를 듣게 된다. 왕의 나이 열여덟에서 열아홉 살 때였다. 바닥에 무릎을 꿇고서 콘트레라스는 그에게 보고했고, 왕은 무릎 꿇은 그의 가슴에 붙은 성 요한 기사단의 메달을 오스트리아[신성로마제국] 가문의 젊은 파라오의 손으로 만져본다.

잠시 후, 왕이 대신들이 양쪽으로 늘어선 사이로 걸어나오자, 억울함을 하소연하려던 콘트레라스는 왕에게 진정서를 내놓는다. 어린 왕은 그것을 언짢은 표정으로 집어들고 발길을 돌린다. 콘트레라스는 관대하다. 이런 무시에도 화를 내지 않는다. 그는 자기 신분에 걸맞게 겸손한 태도로 왕의 권위를 인정한다. 마치 우둔한 아라곤 사람이 마을에 새로 들어온 그리스도 성상을 보고 이런 말을 했다는 일화 같다.

"풋내기일 뿐이니 아직 기적을 행하지 않아!"라고.

그가 섬광처럼 밝혀낸 것 가운데 우리가 절대 잊지 못할 것으로 코르도바의 한 동네가 있다. 거친 문들 안에 갇힌 어두운 골목이다. 그 골목 양쪽에 여자들의 숙소가 있었다. 환락의 벌떼가 모여사는 벌집 같은 구역이다. 관능의 꿀을 바른 과자와 음탕한 사람들이 모여드는 곳이다. 콘트레라스가 그곳을 드나들다가 여자에게 접근하고, 결국 관리를 거꾸러뜨렸다. 이러자 여자는 이런 용맹에 반한 나머지 그를 찾아내 몸과 마음에 충실한 동반자가 된다.

이 모험가가 쓴 글을 읽고 나서, 가장 놀랍지만 가장 덜 주목받은 사실이 있다. 로페 데 베가*와의 만남이다. 그는 늘 하던 대로 매우 간결하게 3분의 1페이지쯤에 걸쳐 이미 꽤 나이가 들어 무일푼으로 마드리드에 떨어졌다고 이야기한다. 로페 데 베가가 그를 자기 집에 여덟 달 동안 묵도록 하고 숙식은 물론 옷가지도 마련해주었다고. 그들이 어디에서 서로 알

---

* Lope de Vega(1562~1635). 스페인의 극작가이자 시인이며 소설가. 대표작에 연애희극 『상대는 모른 채 사랑한다』, 사극 『펜테오베프나』 등이 있다. 새로운 극작법으로 스페인 황금세기의 국민연극을 만들어냈고 서정시인으로서도 탁월한 성취를 보였다.

게 되었을까? 그 말은 없다.

시인의 이 관대한 모습이 우선 감동적이다. 하지만 가만히 생각해보면 다음과 같은 사실에 주목하게 된다. 로페 데 베가는 자신의 산문과 운문, 극작보다 자신이 지어낸 '우화'와 인물들을 더욱 자랑스러워했다. 그러나 그가 한 이런 말은 진지하게 간주되지 않았다. 스페인 연극이라는 ─모든 면에서 거대한─현상을 새로운 관점에서 연구하지 않는 한 여진히 그렇게 주목받지 못할지도 모른다. 그런데 이런 현상의 전면에 등장하는 것은, 시도 아니고, '엄격한 의미의' 연극도 아니다. 인간의 영고성쇠와 상황과 복잡하게 얽힌 줄거리와, '이야기'의 놀라운 만개였다. 그런데 이런 이야기 중 3분의 2는 로페 데 베가의 창작이다. 거기에서 사건이 살아 숨 쉬고 있지 않다면 실감이 나지 않을 것이다. 바로 여기에 문인으로서 로페 데 베가의 운 좋은 '괴물처럼'[*] 진솔한 재능이 있다. 그는 거대한 잡동사니 같은 사건으로 뛰어들어, 보석처럼 빛나고 값진 이야기들을 건져냈다. 그것이 그의 즐거움이자 광기였다. 전대미문의 '이야기'를 위해 로페 데 베가는 모든 것을 쏟아부었다. 돈과 노래, 정원, 물론 자신의 성직까지 모조리. 역사학자들이 보지 못하고 강조하려 하지도 않은 무서운 우연으로, 마치 우연이 인간 역사의 근본적인 구성요소였다는 듯이, 이 이야기 발굴자는 이야기하는 재능 때문에 비극적으로 위축되어 있었다.[**] 이런 심각한 문제는 그렇다 치고, 로페 데 베가에게서 무한한 이야기의 광맥이자 살아 있는 모험담의 보따리인, 이 끔찍한 군인이 그의 집

---

[*] 세르반테스는 베가를 불사조 같은 괴물이라고 평가했다.
[**] 그는 성직자로서 젊은 여자를 사랑하는 비련에 빠져 있었다.

에 묵고 있었다는 뜻밖의 우연의 일치가 무슨 의미일까 생각해보자.

분명 마땅히 찬사를 받을 만한 그의 선의를 깎아내리지는 말자. 그래도 로페 데 베가를 아는 사람이라면 의심스런 점이 없지 않다. 그 여덟 달 동안 '좋은 시간을 보낸 사람'은 바로 로페 데 베가였다. 자기 집에서 매일 식사 때마다, 이 늙은 시인이 여전히 다정한 눈으로 바라보기 좋아하던 리난Linan이 그린 자신의 초상화들 밑에서 올리브 씨처럼 작은 눈으로, 깡마르고 훤칠한 키에, 성직자 복장으로 허리도 굽지 않은 꼿꼿한 자세로 식사하던 시간은 얼마나 멋졌을까!

흰 식탁보에 누런 포도주 단지를 올려놓고, 등 높은 의자에 마주 앉아 시인은 콘트레라스에게 이야기를 들려달라고 한다. 이제 조금 우울증도 생기고, 백발이 성글게 뒤엉켜 덥수룩한 이 군인은 굳이 간청하지 않아도 수많은 사랑과 우발적 사건을 병영과 도박판과 유곽의 생경한 언어로 쏟아낸다. 이런 이야기의 드넓은 바다에서 사제는 눈에 불을 켜고, 뼛속까지 파고드는 흥에 젖는다. 늙은 시인 자신도 모험이 낳은 걸작이었고, 사랑의 배에서 지칠 줄 모르고 노를 젓는 노예였다.

모든 것으로 미루어볼 때, 로페 데 베가가 콘트레라스에게 회상록을 쓰라고 부추겼던 것 같다. 손님에게 들은 이야기에 제대로 보상하지 못했다고 생각했던 그는 희곡 「왕국 없는 왕」을 콘트레라스에게 헌정했다. 모리스코의 왕으로 추정되는 사람이라고 분명히 밝힌 선물이다.

1943년 3월

차례

1장
# 유년기와 부모님

나는 1582년 1월 6일 스페인의 장엄한 수도 마드리드에서 태어났다. 세례는 산 미구엘 교구 성당에서 받았다. 이모 마리아, 외삼촌 알론소 데 로아가 대부와 대모였다. 아버지는 가브리엘 구일렌, 어머니는 후아나 데 로아 이 콘트레라스.

나는 일찍이 어린 나이에 국왕께 봉사하러 갔다. 아무것도 모르는 나는 아버지 이름 대신 어머니 이름을 골랐다. 잘못인 줄 알았지만 엎질러진 물이었다. 내 호적에 이미 '콘트레라스'로 올라버렸기 때문이다. 그래서 지금까지 그 이름으로 살았다. 그래서 세례명은 알론소 데 구일렌이지만, 알론소 데 콘트레라스라고 부른다.

부모님은 오래된 기독교도로 무어인이나 유대인 혈통과 전혀 섞이지 않아 종교재판소에서 이단 혐의를 받은 적이 없다. 앞으로 보겠지만, 부모님은 교회의 명을 따라 결혼해서 가난하게 살았다. 두 분은 24년간 결혼생활에서 자식 열여섯을 낳았다. 아버지가 돌아가셨을 때, 그중 여덟이 살아 있었다. 아들 여섯, 딸 둘이다. 내가 맏이다. 나는 학교에 들어갔을 때 이미 형제자매 일곱 명의 이름을 쓸 줄 알았다.

그 무렵[아버지가 돌아가신 즈음] 마드리드 시내, 세고비아 다리 부근에서 힘겨루기가 열렸다. 그곳에 천막을 치고, 많은 사람이 처음 보는 그 구경거리를 보러 몰려들었다. 나는 친구 살바도르 모레노와 함께 학교를 땡땡이치고 그것을 보러나갔다. 살바도르는 우리 동네 검사의 아들이었다.

이튿날 학교에 가자 선생님이 이렇게 말했다.

"네 친구의 멜빵을 풀어줘. 못된 짓을 했으니 벌을 받아야지!"

순순히 시키는 대로 했지만, 내 뒤에 선생님이 서 있었다. 함정이었다. 선생님은 갑자기 이렇게 소리쳤다.

"너도 멜빵을 풀어!"

그렇게 피 터지게 양가죽 채찍질을 당했다. 이런 처벌은 그 친구의 아버지가 시켰다. 우리 집보다 더 부자였으니까.

학교가 파하고 우리는 콘십시온 헤로니마 광장으로 갔다. 여전히 매맞은 곳이 아팠다. 나는 거위 깃펜 깎는 작은 칼을 꺼내 그 녀석 살바도르를 땅바닥에 눕히고, 주둥이를 땅에 처박게 한 채 칼질을 해댔다. 대단한 상처가 나는 것 같지도 않아 녀석을 뒤집어 배도 찔렀다. 아이들마다 내가 녀석을 죽였다고 떠들었다. 나는 내뺐다가 밤중에 아무 일 없었다는 듯 귀가했다.

오늘날의 세고비아 다리.

바로 그날 빵이 없었다. 어머니는 우리들에게 싸구려 파테*를 주었다. 막 그것을 먹으려 할 때 누군가 거칠게 문을 두드렸다.

"누구세요?"

"법원에서 나왔소."

그 소리를 듣고 나는 다락방으로 올라가 어머니 침대 밑에 숨었다. 검사가 들어와 나를 찾아내 팔을 붙잡았다.

"못된 놈, 네가 내 아들을 죽였구나!"

감옥으로 끌려갔다. 그곳에서 모든 것을 자백하라고 했지만 나는 계속 부인했다.

그다음 날, 사람들이 다른 아이들 스물두 명을 붙잡아들였다. 그중 한 아이가 내가 난도질을 했다고 고했다. 나는 이렇게 말했다.

"아닙니다. 다른 아이가 그랬다니까요."

그러자 법관의 방에서 모든 아이가 서로 다른 아이 짓이었다고 주장하며 난리가 났다. 이들을 진정시키는 것은 보통 일이 아니었다. 우리는 모두 밖으로 쫓겨났다.

결국 그 녀석의 아버지는 이틀 만에 내가 그 못된 짓을 한 장본인이라는 사실을 입증했다. 내가 미성년자라서 큰 논란이 벌어졌고, 결국 그 덕에 살아났다. 나는 마드리드 궁궐에서 24킬로미터 떨어진 곳에서 1년간 유배형을 받았다. 이를 어긴다면 두 배의 가중처벌을 받을 것이라고 했다. 나는 서둘러 죗값을 치르러 떠났지만 검사는 아들 없이 살게 되었다. 그 아들은 결국 사흘 뒤에 죽고 말았기 때문이다.

* 생선이나 육류를 곱게 갈아 양념을 썩어 반죽해 화덕에서 익힌 음식

## 어머니가 도제 수업을 받게 하다

아빌라에서 유배생활을 시작했다. 그곳 산티아고 성당 신부였던 아저씨 댁이었다. 나는 유배를 마치고 마드리드로 귀향했다. 돌아온 지 20일이 되었을 때 추기경 알베르토 왕자*께서 포르투갈 통치생활을 끝내고 플랑드르로 부임하던 길에 이곳에 들렀다.

어머니도 왕자의 복과 선물을 받았다. 그는 600레알레[당시 스페인 통화]를 여덟 형제에게 고루 나눠줬다. 나는 어머니께 이렇게 말했다.

"어머니, 추기경을 따라 참전하고 싶어요."

어머니는 말했다.

"어리석기는, 젖 뗀지 얼마나 되었다고 전쟁터로 간다는 것이니! 내가 벌써 너를 금은방에 보내기로 해뒀어."

하지만 나는 국왕께 봉사하고 싶을 뿐이라고만 했다. 어쨌든 어머니는 나를 금은세공 장인에게 데려갔다. 내가 없던 사이에 두 사람이 그렇게 합의해 두었던 것이다. 그곳에 떨어져 그 안주인이 내게 처음 시킨 일은 꽤 큰 구리 항아리로 카노스 델 페랄 샘에서 물을 길어오는 것이었다. 그래서 나는 그런 허드렛일을 하러온 것이 아니라 일을 배우러왔다고 했다. 그러자 안주인은 다른 사람을 찾아 물을 긷도록 했다. 그리고 나서 그녀는 나막신으로 나를 후려치려 했다. 나는 구리 항아리를 그녀에게 집어던졌다. 힘이 변변치 않아 그녀가 다치지도 않았지만 나는 계단으로 내뺐다.

---

* 오스트리아 막시밀리안 황제의 6남. 네덜란드 총독이었다.

아빌라의 장벽. 아빌라는 장벽으로 둘러싸인 요새 도시다.

집으로 달려가 어머니께 소리쳤다.

"내가 왜 물이나 길어야 해요?"

이때 세공사가 나를 혼내주러 찾아왔다. 나는 밖으로 나와 돌멩이를 주워 그에게 던졌다. 사람들이 몰려들었다. 무슨 일인지 알게 된 사람들은 내가 싫어하는데 왜 억지로 시키려고 하냐고 한마디씩 거들었다. 이렇게 되자, 세공사는 가버리고 나는 다시 어머니와 살게 되었다. 나는 어머니께 이렇게 말했다.

"어머니, 우리 형제들 때문에 너무 벅차죠? 그러니 왕자님을 따라가 일하도록 해주세요."

어머니는 그렇게 하라고 마음을 돌렸다.

"그런데 너한테 줄 게 아무것도 없구나."

"문제없어요. 하느님이 잘 이겨나가게 지켜줄 테니까."

결국 어머니는 내게 셔츠와 가죽신을 사주셨다. 또 노잣돈으로 4레알레를 주셨다. 모든 준비를 마친 나는 1595년 9월 7일 새벽에 추기경 왕자의 고적대 꽁무니에 붙어 마드리드를 떠났다.


## 추기경 알베르토 왕자 일행과 함께 떠나다


그날로 우리는 알칼라 데 에나레스까지 올라갔다. 성당에서 큰 잔치를 벌여 왕자님을 맞이했다. 많은 사람 틈에, 과자장수가 있었다. 그는 손에 카드를 쥐고 있었다. 나는 평소 카드놀이를 좋아하던 대로 품에서 몇 푼 꺼내 놀이를 시작했다. 하지만 그가 이겼다. 나는 새 셔츠와 허리춤에 차

알칼라 데 에나레스. 마드리드 근교의 고도로 세계문화유산으로 지정되었다. 미겔 데 세르반테스의 고향이다.

고 있던 새 신발까지 잃었다. 나는 내 낡고 작은 외투를 걸 테니 한 판 더 하자고 했다. 그렇지만 순식간에 나는 그것마저 잃고 알거지 꼴이 되었다. 병사로서 짐작하던 운명이었다. 그때 누군가 그 장사꾼한테 내게 한 푼 돌려주는 것이 어떻겠냐고 했다. 그는 돈과 과자로 성의를 표시했다. 이렇게 해서 내가 따기라도 한 셈이 되었다!

그날 밤 나는 궁전으로 갔다. 아니 부엌으로 갔다고 해야 옳다. 불을 쬐고 싶어서였다. 꽤 쌀쌀했기 때문이다. 나는 다른 주방일꾼들 틈에 끼어들었다. 아침에 과달라하라[마드리드 북동쪽]로 출발을 알리는 트럼펫 소리가 울렸다. 험한 20킬로미터 길을 걸어야 했다. 나는 갖고 있던 돈으로 튀김을 샀다. 과달라하라까지 가는 길에 이것으로 때웠다. 나는 주방일꾼들에게 부엌으로 쓰는 큰 마차 위에 조금 걸터앉아 갈 수 있게 해달라고 졸랐다. 하지만 그들은 자기네 패가 아니라며 거절했다.

과달라하라에 도착해 궁전으로 갔다. 밤이 깊어지기 전에 부엌의 불가에 자리잡고 싶었다. 나는 누가 시키지도 않았지만 날짐승 털을 뽑고 꼬치구이를 굽고 하며 도와주었다. 그 덕에 그날 밤은 아주 잘 먹었다. 왕자님의 주방장 하메스는 내가 꽤 쓸 만한 녀석이라며 어디서 왔고 어디 소속인지 물었다. 나는 싸움터로 가는 길이라고 했다. 그랬더니 그가 나를 잘 대접하라고 명했다. 이튿날에는 마차에도 태워주었다. 주방 녀석들은 마지못해 그렇게 했다. 나는 주방보조처럼 일했고 주방장이 나를 자기 조수처럼 좋아할 만큼 열심히 일했다. 결국 나도 주방에서 일하게 되었고 왕자님을 모시고 행진하는 큰 주방마차를 타게 되었다. 이렇게 나는 못된 동료들에게 복수한 셈이었다. 그들은 하루 종일 걸어야 했다. 아무튼 나는 섭섭했던 감정 따위는 금세 잊었다.

우리는 사라고사[스페인 서부 내륙 아라곤 지방의 수도]까지 행진했다. 대단한 축제가 열린 그곳을 거쳐, 몽세라Montserrat*를 넘어 바르셀로나까지 내려갔다. 그동안 나는 은전 한 푼 쓰지 않고서 넷 또는 여섯 사람을 마차에 태워주기도 했다. 일을 열심히 한 덕이었다. 우리는 바르셀로나에서 며칠 묵고 나서 노예 스물여섯 명이 노를 젓는 갤리선에 올라 제노아로 향했다. 빌프랑슈**에서 사부아 공작이 큰 잔치를 베풀어주었다. 우리는 사보나***를 지났는데 그곳에 정박하기 전에 함선 한 척을 나포했다. 우리와 싸웠던 배가 프랑스 배인지 알 수 없었다. 아무튼 대포를 쏘며 싸웠으니 재미있는 구경거리였다. 우리가 상대편 배를 잡았다.


## 병사가 되다


사보나에서 며칠 묵고 밀라노로 향했다. 그곳에서도 며칠을 묵었다. 또 밀라노에서 피렌체로 내려가는 길을 따랐다. 거기에서 우리는 근사한 스페인 보병과 기병대를 만났다. 그 병사들도 나만큼 어려 보여, 나는 나한테 잘 대해주던 주방장에게 떠나게 해달라고 부탁했다. 하지만 그는 거절하면서 나를 두들겨 패려고 했다. 나는 분통이 터져 최고 상전 왕자님께 하소연했다. 그리고 그간의 일을 모두 고했다. 마드리드부터 어떻게 따라

---

\* 서남부 카탈루냐 지방에서 가장 높은 산. 이 산중에 유명한 수도원이 있다.
\*\* 빌프랑슈 쉬르 메르. 현재의 프랑스 알프스 산자락의 지중해 연안 지방으로 중세에 스페인에 복속된 사부아 지방의 중요한 갤리선 기항지.
\*\*\* 제노아 서쪽의 관문, 현재는 이탈리아 항구.

공중에서 내려다본 몽세라.

왔는지, 주방장이 나를 놓아주려고 하지 않는데, 나는 오직 국왕폐하께 만 충성하고 싶다고 말이다. 왕자님은 그것은 내가 어리기 때문이라고 했다. 그래서 나는 다른 부대에도 나 같은 애들이 있다고 했다. 이튿날 이런 칙서가 떨어졌다.

"입대시키도록 하라. 군복무하기에는 어린 나이긴 하지만."

주방장은 낙담했다. 그렇지만 그는 달리 어쩌겠냐며 말했다.

"잘되어야지. 플랑드르에 갈 때까지 필요한 것 있으면 나를 찾아와."

이렇게 해서 나는 열 명 보병 분대에 들어가 분대장 당번을 맡았다. 메히아 중대 배속이었다. 여러 날 걸은 끝에 우리는 차츰 플랑드르 땅에 접근했다. 국왕과 마찬가지로 내가 모시던 분대장은 어느 날 밤 중대장의 명이므로 자기를 따라오라고 했다. 우리는 숙영지를 떠났다. 그는 전투를 절대로 좋아하지 않았다. 날이 밝을 때까지 우리는 벌써 24킬로미터를 걸었다. 나는 어디로 가느냐고 물었다.

"나폴리."

그는 내게 봇짐을 지게 하고서 나폴리까지 데려갔다. 그곳에서 그와 함께 며칠을 보내다 팔레르모[시칠리아 섬 북쪽 관문] 항구로 가는 배에 올랐다.

2장
# 팔레르모에서 벌어진 일

팔레르모까지는 잠깐이었다. 도착하자마자 나는 카탈루냐 출신 펠리페 데 메나르가스 중대장의 기마를 맡았다. 성심껏 중대장을 모셨고 그도 나를 잘 대해줬다.

그리스 레반트로 원정갈 때가 찾아왔다. 돈 페드로 데 톨레도 장군이 이끄는 나폴리와 시칠리아 갤리선단과 돈 페드로 데 레바 장군이 이끄는 시칠리아 갤리선단이었다. 이 선단은 파트라스를 점령할 예정이었다. 우리 중대는 세자레 라토레 선장의 갤리선에 승선했다.

우리는 모레아[펠로폰네소스 반도의 당시 지명] 지방의 파트라스에 도착했다. 상륙해 해안을 장악하고 나서 애들이[고아로 구성된 경보병] 성벽에 사다리를 걸치고 기어올랐다. 그때 처음으로 귓가에 포탄이 스쳤다. 나는 대장검과 방패로 무장한 대장 앞에 서 있었다.

주변 지역은 쉽게 장악했지만 성은 그렇지 못했다. 우리는 적을 노예로 붙잡고 어마어마한 노획을 했다. 풋내기에 불과하던 나도 한몫을 잡았다. 육지에서는 아니더라도, 최소한 배에서는 병사들이 누가 넘보지 못하도록 귀중품을 지키라고 내게 맡겼기 때문이다.

시칠리아에 도착하자마자, 나는 번 돈으로 화려한 옷을 구해 입었다. 같은 마드리드 출신으로 내가 믿고 따르던 한 병사가 내게 우리 대장의 옷을 빌려달라고 했다. 연극할 때 입고 나가겠다면서. 거짓말이었지만 그 말을 정말로 믿었다. 나도 그 극단에 낄 수 있다고 했기 때문이다. 그렇지만 그는 최고급 옷가지와 대장의 옷을 몽땅 보따리에 쓸어담아갔다. 그는 금단추와 모자 장식 띠까지 빠짐없이 챙겼다. 이튿날 하사가 집으로 와서 대장에게 병사 네 명이 탈영했다고 보고했다. 그중 하나가 바로 그 동향 사람이었다! 나는 펄쩍 뛸 수밖에 없었다. 태연할 수 없었던 나는 몰타[지중해 한복판 몰타 섬의 수도] 갤리선단(예루살렘 성 요한 기사단)이 부두에 들어와 있다는 것을 알고서 그곳으로 찾아갔다.


## 몰타 여행과 시칠리아 귀환

메시나\*에 도착해서 대장께 편지를 썼다. 내가 고향 사람에게 어떻게 속았는지 해명했다. 무서워서 도망쳤을 뿐이라고 했다. 그러고 나서 나는

---

\* 시칠리아 섬의 동북단 항도로 이탈리아 반도와 이어진다

1565년 당시의 몰타 섬 지도. 바티칸 소장.

몰타까지 여행했다.

내가 오른 배에서 스페인 기사 몇은 내게 가스파르 데 몽레알 기사 대장의 시중을 들도록 해주었다. 그는 내 시중에 크게 만족했다. 그래서 1년간 그의 곁에 있었다. 그러고 나서 그에게 시칠리아 부대로 가게 해달라고 청했다. 옛날 대장이 나를 아낀다면서 내게 돌아오라고 전하는 편지를 받았기 때문이다. 몽레알 대장은 무척 섭섭해하면서도 그렇게 허가했다. 그는 나를 잘 입혀 보냈다. 나는 당시 부왕副王이던 마쿠에다 공작이 통치하던 메시나로 건너가 옛 부대의 병사로 다시 들어갔다. 거기에서 마침내 하인이나 종복이 아닌 병사로 근무하게 되었다.

그다음 해에 부왕은 소형 갤리선을 건조하고 여기 오를 병사를 모집했다. 선금을 네 배로 주겠다고 해서 나도 지원했다. 우리는 바르바리 연안*으로 항해했다. 배의 선장은 루이 페레스 데 메르카도였다. 바르바리에서 아무 성과 없이 돌아오던 길에 람파두사 섬에서 우리 배와 거의 엇비슷한 크기로 조금 작을까 말까 한 또 다른 소형 갤리선을 만났다. 우리는 정박장으로 들어가 그 배와 싸우지도 않고 쉽게 나포했다. 당시 가장 큰 사략선 한 척도 포획했다. '카라달리'호였다. 터키 사람 아흔 명을 함께 붙잡았다.

팔레르모에서 부왕副王의 환대를 받았다. 이런 새로운 전과에 그는 몹시 좋아하면서 대형 범선 두 척을 보강하고 각각 "금선金船"과 "은선銀船"이라고 명명했다. 나는 금선에 올라 레반트로 갔다. 그곳에서 무수한 전과를 올렸다. 우리는 부자가 되어 돌아왔는데 나처럼 월급으로 은화 3에

---

* 오늘날의 모로코에서 튀니지, 리비아 지역에 걸친 북아프리카 연안.

스쿠도*를 받는 병사가, 옷가지와 함께 300에스쿠도나 되는 돈을 벌어 돌아왔다. 게다가 팔레르모로 귀환하고 나서 부왕은 전리품을 나눠주라고 했고, 나는 두 겹의 챙에 깃털 달린 모자도 차지했다. 이렇게 나는 기고만장하게 되었다. 그런데 며칠 지나기도 전에 이 모든 것을 흥청망청 날려버렸다.


## 범선으로 레반트를 여행하다

이제 또다시 범선으로 레반트 원정에 나섰다. 우리는 그곳의 육지와 바다에서 믿기지 않는 노략질을 벌였고 이는 부왕에게 행운이었다. 포르투갈령 인도와 바빌론과 알레포 등 육로로 들어온 모든 화물이 쌓이는 터키 남부 알렉산드레타 항구[오늘날 이스켄데룬]의 가게들을 털었다. 그렇게 막대한 재화를 거두어 돌아왔다!

한편, 이 여행중에 나는 잠을 이루지 못했다. 항해가 너무 좋기도 했지만, 항해사들과 함께 일하면서 우리가 지나는 땅을 알아보려고, 독도법을 배우고 '뱃길'을 익히느라 정신이 없었기 때문이다. 레반트, 모레아, 아나톨리아, 카라마니아, 시리아, 또 아프리카와 저멀리 대서양 캉탱 곶[모로코]까지. 또 캉디[크레타], 사이프러스, 사르디니아, 마호르카, 미노르카의 뱃길과, 스페인 연안에서는 산 빈센테 곶부터 산 루카와 지브롤터 해안을 따라 카르타제나, 바르셀로나까지. 프랑스 연안에서는 마르세유까

---

* 당시 스페인 통화로 금화 에스쿠도는 16레알레, 은화 에스쿠도는 10레알레였다

지, 또 그곳에서 제노아로, 제노아에서 리보르노로, 테베레 강과 나폴리까지, 나폴리 너머 더 밑으로 칼라브리아 근해와 아폴리아와 베네치아만까지, 이 항구에서 저 항구로 곶과 정박장을 섭렵했다. 그곳에서 우리는 함선을 수리하고 수심을 측량하기도 했다. 나는 정기적으로 이런 '해로'를 만들어 내놓아야 했다. 필리베르 왕자는 내게 그것을 보여달라면서 가져가버렸다.*

## 선술집, 카바레를 전전하며

우리는 보화를 가득 싣고 팔레르모로 돌아왔다. 부왕은 크게 기뻐하고서 한몫씩 떼어주었다. 우리는 부왕 직속 '레반트 사략선단'으로서 큰 자유를 누렸으며 가진 돈 덕분에 누구도 감히 뭐라고 하지 못했다. 이런 위세로 이 집 저 집, 선술집과 카바레를 돌아다녔다.

어느 날 저녁 늘 하던 대로 선술집에서 술판을 벌이고 있었다. 한참 흥이 올라 먹고 마시고 하던 참에 동료 하나가(우리 일행은 셋이었다) 이렇게 외쳤다.

"제길, 여기 먹을 것 좀 더 내와!"

"그렇게 먹고도 그런 말이 나오슈!"**

---

* 엠마뉘엘 필리베르 드 사부아는 1588년생으로 몰타 수도회 대수도원장, 시칠리아 부왕이다. 1624년 팔레르모에서 흑사병으로 사망했다. 콘트레라스가 작성한 이 해도는 다행히 유실되지 않고 지금 마드리드 국립도서관에 소장되어 있다.
** 작작 처먹으라는 주인장의 말이었다.

여기에 내 친구는 단검을 뽑아들고 그를 후려쳤다. 주인은 더는 일어나지 못했다. 그러자 안에 있던 모든 사내가 부지깽이든 뭐든 집어들고 우리에게 달려들었다. 그러니 어떻게 막아낼 도리가 없어 그루타 성모성당으로 피했다. 그곳에서 부왕이 이 사태에 어떻게 나올지 기다리며 숨어 있었다. 부왕이 우리를 잡으면 목을 매달겠다고 했다는 소식을 듣고 나는 이렇게 말했다.

"이봐, 착한 사람들의 애도를 듣느니 숲으로 내빼는 게 어때."

주머니를 털어보니 몇 푼 없었다.

화승총을 챙기고 나서, 성당이 바닷가에 있어 부둣가나 다름없었으므로, 나는 해양 지식을 총동원했다. 설탕을 실은 '팔루카'(아랍 말에서 나온 것으로 외돛이나 쌍돛에 노가 붙은 작은 배)가 눈에 들어왔다. 자정에 동료들에게 말했다.

"지금이야, 배에 오를 절호의 기회야!"

"그래도 소리가 나지 않을까"라고 동료들은 대답했다.

"저 배 갑판에는 어린 초병밖에 없어"라고 내가 응수했다.

이렇게 우리는 배에 올라 소년의 입을 틀어막고서, 닻을 올리고 소년에게 이렇게 말했다.

"주둥이 닥치지 않으면 죽는 줄 알아!"

그러고 나서 노를 저어 정박장을 빠져나왔다. 성 옆으로 지날 때 사람들이 소리쳤다.

"배다!"

그래서 우리는 이탈리아 말로 "고깃배야!"라고 대꾸했다. 그러자 아무 말이 없었다. 나는 뱃머리를 나폴리로 돌렸다. 뱃길로 480킬로미터 떨어진 곳이다. 하느님의 가호로 사흘 만에 무사히 그곳에 도착했다. 입항검사를 하려고 항구 수비대가 다가왔다. 우리는 통사정하면서, 마쿠에다 공작 때문에 교수형을 받을까 두려워 도망쳐왔다고 털어놓았다. 나폴리 부왕은 늙은 레모스 백작이었다. 그의 아들 돈 프란시스코 데 카스트로가 그 보병대장이었다. 이 아들이 훗날 시칠리아 부왕이 되는 사람인데, 그때는 수도사이기도 했다. 백작이 우리를 보자고 했다. 그는 우리를 호의적으로 맞이하고서 자기 아들 부대로 들어가라고 했다. 또 타고 온 배는 팔레르모로 돌려보냈다. 배에 실려 있던 설탕도 모두 돌려보냈다. 나폴리 사람들은 우리를 마쿠에다 공작의 '레반트 선단'이라고 부르면서 배은망덕하다고들 했다.


## 나폴리에서 발렌시아 사람들과 어울리다


나폴리에서 얼마 지나지 않아 우리는 좋은 평판을 얻었다. 셋이서만 별도의 숙소에서 지냈다. 어느 날 밤 숙소로 우리 부대의 발렌시아[스페인 동부 카탈루냐 연안] 병사가 또 다른 병사와 함께 찾아왔다. 그들은 대뜸 자기들이 진짜 '기사'라면서 이렇게 덧붙였다.

"우리를 좀 도와주면 어때, 피렌체 사람들 동네에서 말썽이 벌어졌거든."

레반트 선단의 이름값을 하고 싶었다.

"가자, 주님이 함께 하리니."

그렇게 우리는 하숙집에 안주인만 남겨두었다. 길을 가다가 얼쩡대는 한 사내와 마주쳤다. 발렌시아 친구들은 우리 뒤에 있었다. 그런데 고함이 들렸다. 무슨 일인지 돌아보았더니 망토를 두르고 모자를 쓰고 있던 발렌시아 친구가 이렇게 말했다.

"돼지 같은 놈!"

"누구한테 하는 말이야?"라고 내가 물었다.

"내가 지옥으로 밥 처먹으라고 보낸 놈이지, 이 망토가 그놈 것이야!"

화들짝 놀랐다. 그래서 친구에게 이렇게 말했다.

"맙소사, 우리가 망토를 훔치면 재미있겠어?"

그는 이렇게 답했다.

"이 친구야, 이번은 참자고. 이 극성맞은 놈들 앞에서 우리 체면을 구기고 평판에 먹칠할 수는 없잖아."

그래서 나는 이렇게 말했다.

"평판은 무슨 놈의 평판!"

우리는 발렌시아 친구들이 욕을 보았던 술집 쪽문으로 들어섰다. 발렌시아 친구들은 갖은 행패를 부리며 주인에게 험담하기 시작했다. 술이 가득한 술병과 가죽자루를 칼로 깨부수었다. 그러자 술이 폭포처럼 쏟아졌다. 그 사이 주인은 창문으로 도망쳤다. 우리는 작은 문을 통해 밖으로 나왔다. 창문으로 누군가 화분을 동료에게 던졌다. 얻어맞은 친구는 정신을 잃고 나자빠졌다.

아우성 소리에 사람들과 이탈리아 순찰대가 몰려왔다. 우리는 주먹다짐을 시작했다. 바닥에 자빠졌던 친구는 종내 일어나지 못했다. 그 친구는 정말이지 쭉 뻗어버렸다. 결국 순찰들은 소총과 미늘창*으로 우리를

* 언월도같이 생긴 긴 창에 도끼를 겸한다.

압박했다. 미늘창을 한 번 휘둘러 발렌시아 친구의 팔목을 찔렀다. 그는 붙잡혀 바닥에 뻗은 친구와 함께 끌려갔다. 우리는 동네로 뛰었다. 하지만 재수 없게도, 붙잡힌 친구들을 끌고 가던 길에 그들이 망토를 빼앗았던 사망자를 발견했다. 스페인 본부대에도 이 사실을 알렸다. 급히 순찰대가 동료와 나, 또 다른 발렌시아 친구를 찾아나섰다.

발렌시아 친구를 따돌리고 우리는 숙소로 돌아와 보잘것없는 잡낭을 찾아들고 도망쳤다. 순찰대가 횃불을 밝히고서 우리 문 앞까지 왔을 때였다. 나는 이렇게 말했다.

"이보게, 각자 흩어지자고! 자네, 망토 이야기 안 믿었었지?"

나는 골목 사이로 부두까지 달렸다. 세관 옆 선술집에 들어가 보았다. 그곳에 성 요한 기사단의 기사가 묵고 있었다. 그는 레반트로 나갈 범선에 무장을 해주려 몰타에서 건너온 길이었다. 그런데 알고 보니 그의 대장이 베트리안이라는 내 옛 동무였다. 그가 나를 보고 반색했다. 나는 자초지종을 털어놓았고 친구는 자신이 떠날 때까지 나를 스무날 동안 숨겨주었다. 출항하던 밤에 그 친구 배에 올랐다. 나는 비스킷 과자 창고 짐짝 속[벌레들이 가장 득실대는 곳이다]에 숨었다. 그렇게 벌벌 떨면서 나폴리를 벗어날 때까지 진땀을 뺐다. 마침내 그가 나를 끌어냈고 기분좋게 몰타까지 따라갔다.

우리와 헤어졌던 발렌시아 친구와, 화분을 얻어맞고 쓰러졌던 우리 동료는 열흘 만에 모두 교수형을 당했다. 나머지 친구들은 어찌 되었는지 그뒤로 감감무소식이다.

3장

# 람페두사 섬*의 기적

몰타에 도착하자 몽레알 대장이 나를 보고 반겼다. 우리가 도착하고 나서 며칠 뒤에 우리는 갤리온과 프리기트 함**에 올라 레반트로 출항했다. 그렇지만 두 달 동안이나 허송했다. 하루는 실리도니아[터키 연안] 곶에 정박하러 들어갔다가, 멋진 '카라무살'***을 보았다. 우리는 그 배를 공격했고 터키인들은 쪽배를 타고 육지로 내뺐다. [노예로 삼으려고] 선장은 즉시 각자 붙잡아오는 사람마다 10에스쿠도씩 쳐주겠노라고 제안했

* 몰타 섬과 튀니지 사이의 작은 섬.
** 보통 갑판을 깔지 않은 쾌속 갤리선. 열두 명 정도가 노를 젓는다.
*** 큰 돛대와 작은 돛대 각 하나씩을 붙인 터키 상선. 방어용 군인과 무기가 승선하기도 한다. 선미가 매우 높다.

람페두사 섬. 시칠리아 남방 200킬로미터 지점에 있다.

다. 그곳에 큰 솔밭이 있었고 나도 병사들과 함께 상륙해 터키인을 추격했다. 나는 장검과 방패를 들었지만 턱수염은 한 올도 없었다.


## 적의 깃발을 접수하다

나는 솔밭에 숨었다가 거인처럼 덩치가 어마어마한 터키인을 덮쳤다. 그가 잡고 있는 장창에 황색과 백색 깃발이 나부꼈다. 그는 도와달라고 자기네 동료를 불렀다. 나는 그를 짓밟으면서 이렇게 외쳤다.

"바닥에 엎드려!"

그는 나를 쳐다보더니 비웃었다.

"어린 갈보 같으니, 엉덩이가 말라빠진 강아지 꼴이구만"이라는 뜻이었다. 분통이 터진 나는 방패를 끌어안고 그를 짓밟았다. 장창의 끝을 뿌리치면서, 가슴팍을 검으로 찔렀다. 그런 뒤 깃발을 뜯어 허리에 둘렀다.

내가 터키인의 옷을 벗기려 할 때, 프랑스 군인 둘이 소리치며 다가왔다.

"같이 나누자!"

나는 몸을 일으켜 방패를 쥐고서 이렇게 말했다.

"냅둬, 이놈은 내거야. 뒈지고 싶지 않으면 가만히 있어."

그들은 농담으로 들었지만 우리는 서로 꽤 다투었다. 터키인 셋을 붙잡은 다른 병사 넷이 나타나고서야 조용해졌다. 우리는 모두 갤리선으로 돌아갔다. 나는 이 부상당한 터키인을 산 채로, 옷을 벗기지 않고 그냥 끌고 갔다.

이 사건의 전모를 선장께 보고했다. 그는 터키인을 인계받고 나서 노획물은 내 것이라고 판정했다. 하지만 프랑스 병사들이 반발하지 않을 수 없었다. 배에 스페인 사람이라고는 나 혼자뿐이었지만 프랑스 사람은 100명도 더 되었기 때문이다. 결국 선장은 그 결정을 거두고 이 문제를 몰타 기사 원로회의에 넘겼다. 내가 붙잡은 터키인은 금화 400세쿠이를 지니고 있었다. 터키 배에 사이프러스산 비누가 실려 있었다. 우리는 배를 대원들에게 맡겨 몰타로 보냈다. 그리고 남아 뒷정리를 하고서 알렉산드리아로 항해했다.


## 제르마*와 일전을 치르다


해가 지면서 꽤 커 보이는 배 한 척을 발견했다. 우리는 그 뒤를 놓치지 않고 쫓아 자정쯤에 마주쳤다. 포를 겨누고서 외쳤다.

"어떤 배냐?"

"바다로 나가는 배요"라고 답이 돌아왔다.

아무튼 그 배는 우리 배보다 훨씬 빨랐으니 우리 배 같은 것은 안중에도 없었던 데다가, 무장한 터키인 400여 명이 승선했고, 거치한 대포도 훌륭했다. 그들은 현측포대로 일제사격을 가해 아군이 부상당했을 뿐만 아니라 열일곱 명을 저승으로 날려보냈다. 우리도 그만큼 응사하고서 놈들의 배에 올랐다. 전투는 격렬했다. 놈들이 우리 사령탑을 점령하는 바람에, 그놈들을 그들의 배로 밀어내는 데 애를 먹었다.


* 나일 강과 그 앞 연안의 작은 유선형 선박.

양측은 동이 틀 때까지 밤새 대치했다. 날이 밝기 무섭게 우리가 놈들을 덮쳤다. 하지만 놈들은 도망치지 않았다. 그러다가 우리 선장이 결정적 지략을 내놓았다. 즉 갑판에 최소 요원만 남기고 모든 승강구를 닫는 것이었다. 그래서 죽기 살기로 싸우거나 아니면 바다로 뛰어들 수밖에 없었다. 얼마나 혹독한 싸움인지! 우리가 적선의 사령탑을 장악하고 한동안 버텼지만 그들은 우리를 물리쳤다. 이에 물러나면서 대포를 갈겼다. 우리 배의 돛과 대포는 최고였다. 이날 나는 두 가지 기적을 겪었다.

홀란드 포병이 적에게 노출된 채 포를 장전하던 중이었다. 놈들은 그에게 포를 쏘았고, 포탄은 그 머리에 떨어졌다. 박살이 났다. 주위 사람들은 그 골수를 뒤집어썼다. 또 뼛조각이 한 친구의 원래 뒤틀린 매부리코를 후려쳤다. 그가 정신을 차리고 일어나자 비뚤었던 코가 내 코처럼 반듯해져 있었다. 상처만 덧대었을 뿐.

또 다른 병사가 고통에 신음하며 저주를 퍼붓는 바람에 같은 칸에 있던 동료들은 전혀 눈을 붙이지 못했다. 이날 그는 포탄에 맞아 엉덩이가 뭉개졌다. 아무튼 그는 항해 내내 다시는 투덜대지 못했다. 포화를 견디는 고문을 받게 될 줄이야 꿈에도 몰랐다고만 했다.

이날 우리는 난바다에서 종일 싸웠고, 밤이 되었을 때 적은 인근의 육지에 상륙하려고 안간힘을 썼다. 하지만 우리는 해안으로 그들을 쫓았다. 새벽에 다시 잠잠해졌다. 마침 동정녀 마리아의 날이었다.

선장은 부상자까지 모두 밖으로 나오도록 했다. 그러면서 이렇게 말했다.

"이보게들, 그리스도를 위해 죽겠어, 아니면 콘스탄티노플에 노예로 끌려가겠어?"

나는 동료들과 함께 보트에 올라탔다. 전날 나는 적선에서 사령탑을 차지하려고 싸우다가 허벅지에 관통상을 입었고, 창에 찔려 머리에 큰 부상을 입었다. 우리 곁에 카르멜 회 신부가 따라와 있었다. 선장은 그에게 이렇게 말했다.

"신부님, 어서 가호를 내려주시오. 오늘이 우리 마지막 날 아닙니까."

신부는 우리에게 하느님의 가호를 빌어주었다. 선장은 프리기트 호로 보트들을 끌어다 서로 붙여놓도록 했다.

상륙전은 예상보다 더욱 치열했다. 우리는 잠시도 서로 떨어질 수 없었다. 적들이 우리 갑판에 무거운 쇠고랑 닻줄을 걸어놓았기 때문이다. 전투는 세 시간 동안 계속되었다. 그렇지만 결국 우리가 이겼다. 적들은 뭍에 가까워지자 바다로 뛰어들기 시작했는데 프리기트 함이 그들을 저지하게 될 줄은 꿈에도 모르고 있었다. 승리를 마무리하는 일만 남았다. 포로들을 잡고 나서 적함을 털어보니 노획물이 대단히 많았다. 사망자도 250명에 달했다. 적들은 사망자를 바다에 던지지 않았다. 자기네 손실을 드러내지 않으려 했기 때문이다. 그래서 우리가 치웠다. 이날 나는 기독교도가 누구인지 알게 되었다. 물에 던진 수많은 시신 가운데 위로 입을 벌리고 떠있는 이들이 있었다. 바다에 시신을 던지면 엎어지는 무어인이나 터키 사람들과 달랐다. 기독교도는 얼굴을 위로 향한 채 떠오른다. 우리는 붙잡은 포로들에게 그 시신만 이렇게 등이 뒤집힌 까닭을 물었다. 그랬더니 그들은 그자를 항상 기독교도로 의심했는데 사실이라고 했다. 그는 오래 전에 기독교를 포기했던 프랑스 사람이지만 죽고 나서보니 여전히 기독교도였던 것이다.

배와 나포선을 수리했다. 두 척 모두 긴요했기 때문이다. 얼마 뒤 우리는 몰타로 돌아왔다. 전과가 풍성했으므로, 각자 몰타로 돈을 갖고 돌아갈 수 있도록 선장은 노름을 금지했다. 그렇게 카드와 주사위를 바다에 던져버렸다. 그러니 다른 노름을 짜낼 수밖에 없었다.

탁자 위에 주먹 만한 둥근 원을 그린다. 그 한복판에 진짜 은전 크기로 작은 원을 그린다. 모든 참가자는 이 작은 동그라미 한가운데 각자 자기 이[벌레]를 내려놓고 감시했다. 놈에게 큰 몫을 걸었다. 거기에서 큰 원으로 처음 빠져나온 이가 모든 판돈을 쓸어간다. 금화 80세키노쯤 되는 액수다. 우리가 너무 진지하게 노름에 열중한 것을 보고 선장은 그냥 내버려두더니 이런 말을 했다.

"병졸들 노름은 정말 몹쓸 짓이야!"


## 포로 문제로 몰타 법정에 출두하다


내가 실리도니아 곶에서 붙잡은 포로 문제로 몰타에서 재판이 열렸다. 필요한 증언을 청취하고 나서, 원로기사회의에서 판결을 내렸다. 총 노획은 400세키노에 해당되며 내게는 포로와 군기에 대한 보상으로 100두카트를 배당한다는 것이었다. 군기는 원한다면 내가 가져도 좋다는 조건이 있었다. 나는 군기를 '자비의 성모' 성당에 기증했다. 다른 몫을 합해 1500두카트를 손에 쥐었지만 금세 날려버렸다.

성 요한 수도회 갤리선이 레반트로 사업차 떠나는 길에 나도 행운을 좇아 승선했다. 24일 동안 오가면서 우리는 파사바라고 하는 모레아의 요새를 손에 넣었다. 이곳에서 성인 남녀와 아이를 포함해 모두 500명을 잡아왔다. 거기에 말과 청동포 30문, 수령과 그의 처자식과 첩 등 단 한 명도 놓치지 않았으니 모두가 놀랐다. 사실 우리가 잡은 요새수비대는 메시나에 기독교 함대가 주둔하고 있었기 때문에 별로 놀라지도 않았다.


## 함마메트 공략


같은 해인 1601년, 똑같은 갤리선이 또 다른 일로 바르바리 해안을 드나들었다. 나도 전처럼 모험삼아 승선했다. 이번에는 함마메트[튀니지 수도 튀니스 근교의 항구]를 점령했다.


밤새 연안으로 뭍을 보면서 항해하다가 새벽에 작전에 들어갔다. 매우 근접했을 때, 선장은 머리에 두건을 두르고 삼각돛을 접도록 했다. '터키 배'처럼 위장하라는 것이다. 게다가 크고 작은 터키 깃발을 나부끼며, 터키식으로 북을 치고 피리를 불어대는 모습에 그들은 우리를 무어인으로 생각했다. 이렇게 연안과 주민에 바짝 접근해 정박했다. 그쪽에서 배로 접근해왔다. 우리 쪽은 300명이었다. 즉시 성문을 치고 들어가 도시를 장악했다. 나는 그 틈에 끼어 있었다. 모든 여자와 아이를 한데 끌어모았지만 사내는 몇 명뿐이었고 대부분 도망쳤다. 성내로 들어가 죄다 털어보았지만 전리품은 형편없었다. 불쌍한 부랑자들뿐이었다. 우리는 사람 700명과 초라한 전리품을 배에 실었다. 그런데 바로 그때 말을 탄 무어인 기병과 보병 3000가량이 그들을 구하러 들이닥쳤다. 우리는 성안에 불을 지르고 배로 튀었다. 욕심을 부리고 서두르지 않던 기사 셋과 병사 다섯을 잃었다. 그런 뒤 몰타로 돌아왔다. 나는 얼마 되지도 않은 수입을

튀니스 근교 함마메트의 성곽.

거의 탕진했다. 예쁘고 깜찍한 '작부'들이 기사와 병사를 가리지 않고 서
방처럼 꿰차고 가진 것을 탈탈 털어 빼갔기 때문이다.


## 터키 함대에 대한 정보

며칠 뒤, 알로프 드 비냐쿠르*께서 나를 레반트행 프리키트 함에 오르
라 명했다. 또 터키 함대의 무장에 대한 정보도 얻으려 했다. 내가 터키
어와 그 고장에 익숙했기 때문이다. 이번 배에는 선원과 병사를 합쳐서
서른일곱 명이 승선했다. 이번에는 내가 선장이었다. 대장이 직접 발령
장을 주었다.

곧 출항해 레반트 제도로 들어가 어선들을 만나면서 정보를 수집했다.
터키 함대가 성을 떠나 테네도스 섬에 기항중인데 키오스[에게 해 깊숙이
터키 연안에 붙은 섬]로 갈 것이라고 했다. 그들의 함대가 키오스에 도착하
는 것이 보일 때까지 주변을 배회했다. 함대가 나타난 뒤에는 그들이 네
그로 폰테**로 갈 때까지 대기했다. 레반트 제도 밖의 무어 영토였던 곳
이다. 왜냐하면 만약 그들의 함대가 기독교 땅으로 쳐들어가려고 할지
아니면 자기네 영해에 머물지 알 수 없었기 때문이다.

해마다 해군 총사령관은 콘스탄티노플을 떠나 레반트 제도를 방문한

---

* Alof de Wignacourt(1547~1622). 1601년부터 1622년 사망시까지 제54대 예루살렘 성 요한
  기사대장.
** 1470년까지 베네치아 영이었던 에게 해의 섬. 그뒤로 터키가 점령했다. 그리스 만도 근해에
  서 두 번째로 큰 섬이다. 오늘날에는 에비아라고 부른다.

카라바조가 그린 알로프 드 비냐쿠르 초상, 1607, 루브르박물관.

네그로 폰테 섬의 해안.

다. 물론 그리스인이 거주하는 섬들이지만 정부는 터키인 관할이다. 그 길에 총사령관은 공물을 거뒀다. 부과금을 거두고, 재판을 열어 처벌하거나 사면하거나 했다. 아무튼 이 섬들은 현재 터키인들이 통치하지만 그리스인들은 자기네 풍습을 따르고 있다. 그들은 늘 그렇듯이 통치자가 바뀌어도 상관하지 않았다.

이번에 총사령관은 국왕의 갤리선을 비롯해 콘스탄티노플에 기지를 둔 갤리선 스무 척을 이끌었다. 거기에 아홉 척의 갤리선으로 구성된 로데스 호위함대와, 사이프러스의 갤리선 두 척, 알렉산드리아에서 한 척, 시리아의 트리폴리 갤리선들과 이집트와 로마니아의 나우플리아에서 각각 한 척, 키오스에서 세 척, 네그로 폰테에서 두 척, 카발라 함대에서 한 척, 미틸레네[에게 해 레스보스 섬의 항구]에서 한 척이 합세했다. 물론 콘스탄티노플과 로데스 함대만이 본대 소속이다. 나머지는 복속국에서 보낸 것이다. 나일 강 상류의 다미에트에서도 두 척이 왔다는 것을 잊었다. 또 앞에서 레반트 제도에서 적을 쫓던 갤리선 두 척도 있었다. 이들이 레반트 제도를 떠나 기독교 지역을 공격하려 할 때, 바르바리, 알제, 비제르테[튀니지 북단 지중해 연안 항구], 트리폴리의 갤리 함대가 전방에 나서고, 다른 선단은 후방에서 호위함대 역할을 한다. 올해도 이와 마찬가지였다. 그런데 배들은 바닥 기름칠이나 정비도 하지 않았고 네그로 폰테에서 식량을 보급받지도 않았으니까, 그들이 기독교도 땅으로 갈 것이라 생각할 수는 없었다.

정확한 정보에 따르면, 함대는 네그로 폰테에서 정비하고 보급을 받을 것이었다. 그래서 나는 마이나 곶 근처를 오가고 있었다. 또 이 곳에서 갤리선 쉰세 척과 작은 배 몇 척을 보았다. 터키령 나바리노에서 멀지 않은 요새 도시 메토니 맞은편의 사피엔차 섬으로 향했다. 거기에서 다시 자킨

토스 섬으로 건너갔다. 비옥한 자킨토스 섬은 베네치아령인데, 나는 그곳에서 함대가 나바리노로 출항하다는 소식을 들을 때까지 기다렸다. 그뒤 케팔로니아 섬[이오니아 제도에서 가장 큰 섬]까지 건너갔다. 이 섬은 베네치아령일 것이다. 또 거기에서 640여 킬로미터 떨어진 칼라브리아 만까지 갔다.

## 레지오에 도착해 함대를 경고하다

나는 그곳으로 접어들어 처음 닿은 땅에 정박해서 터키 함대가 올 것이라고 경고했다. 이어서 연안을 따라 돌면서 그 소식을 알렸다. 레지오[이탈리아 남단 메시나 맞은편 항구]까지 모두에게 알렸다. 확실한 정보에 따르면, 치갈라*라는 전임자와 마찬가지로 이번 총사령관도 이곳을 정복하러 올 것이라고 했다. 레지오 사령관은 나를 환대했다. 그는 수도회 소속의 로티넬이라는 기사였다. 그는 공략에 대비해 그 지역 주민과 기사를 끌어모았다. 상황은 이미 그의 각오가 필요한 상태였다. 함대는 레지오에서 24킬로미터 떨어진 산 조반니 해구海溝(메시나 해협 안에 자리잡은 곳이다)에 들어와 있었기 때문이다. 벌써 병력을 상륙시켰다는 소식도 들렸다. 행정관은 적을 함정으로 유도해 300명을 죽이고 30명을 생포했다. 잔당들은 아무런 짓도 하지 못하고서 다시 함대로 철수했다.

행정관은 내게 산 조반니 해구 건너편으로 32킬로미터 떨어진 지역인 시칠리아 섬의 타오르미나, 시라쿠사, 아고스타 등지로 이 소식을 전하러

* 터키 제독. 시칠리아 출신으로 해군 총사령관이 되었다. 1593년에 레지오 부근을 장악했다.

가도록 했다. 그러자면 터키 함대 한복판을 관통해야 한다. 하지만 나는 이 임무를 수행했고 그런 성과를 몰타로 건너가 보고했다. 아군은 수비 태세에 돌입했고, 그 덕에 적 함대가 이미 대부분 지역을 방비중인 고초섬[몰타 군도 내의 한 섬]으로 쳐들어왔을 때, 예고했던 대로 이 섬의 기사단은 적의 상륙도 급수도 허용하지 않았다. 이렇게 그해에 터키 함대는 우리 바다에 더는 출몰하지 않았다.

'여자'와 며칠을 지내고 나서 나는 다시 라 칸타라로 정찰을 나갔다. 그곳은 제르바에서 멀지 않은 바르바리의 요새였다. 그곳에 기름 창고가 있어 기름을 실은 '우르크'* 선 두 척이 레반트로 갈 것이라는 사실을 알게 되었다. 나는 완전무장한 우리 배를 몰아 몰타 항을 나와 바르바리로 향했다.

## 람페두사 섬

그 항로에 람페두사라는 섬이 있다. 우리가 카라갈리라는 호위함을 나포했던 곳이다. 그 항구는 갤리선 여섯 척이 정박할 수 있었고 부두 위로 아주 높고 낡은 탑이 서 있었다. 사람들이 마법의 탑이라고 했다. 또 이 섬에서 로제 왕과 브라다만테**가 전투를 벌였다는 전설도 있다. 반대

---

* 플랑드르식 운송선. 1550년부터 네덜란드와 스페인을 운항했다. 터키인, 기독교도 양측에서 모두 이용했다.
** 저자가 이탈리아 르네상스 시인 아리오스트의 서사시 「용맹스런 올란도」를 시사한 것으로 보인다.

로, 전설이 아니라 사실인 것은 그곳에 쉽게 들어갈 수 있는 동굴이 있다는 점이다. 그 깊숙한 곳에는 오래된 나무 탁자 위에 그림이 걸려 있는데, 아기를 품에 안은 성모상으로 여러 번 기적을 일으켰다.

동굴 안에 제단도 있다. 기적을 일으킨 그림이 바로 이 제단화인데, 그 앞에 기독교도들이 많은 공물을 바쳤다. 과자, 치즈, 기름, 육포, 포도주, 은전 등이다. 동굴의 또 다른 구석에 묘가 있다. 터키 부족장 출신의 성자를 매장한 곳이라고 한다. 그 곁에도 성모상과 마찬가지로 공물이 수북했는데, 터키 옷가지는 더욱 많았지만 소금에 절인 돼지 육포는 전혀 없었다. 아무튼 공물은 기독교도와 터키 사람들이 바친 음식이 분명하다. 배가 지나다 들르거나 노예가 탈출하거나 했을 때, 어느 편이든 자기네 배를 기다리면서 먹을 것이 있어야 할 테니까 말이다.

우리는 이런 사실을 잘 알게 되었다. 무어인이 기사단 갤리선에서 탈출하고 거기 숨어 자기네 배를 기다렸기 때문이다. 그들은 그 공물을 먹으며 버텼다. 그러니 이런 도망자들은 들어온 배가 기독교도 것인지 회교도 것인지 알아야 했다. 그래서 탑 위로 올라가 바다를 주시하고, 배가 닿으면 항구까지 내려와 가시덤불 속에서 밤을 지새곤 했다. 사람들 말소리를 듣고서 그들은 쉽게 그들이 누군지 알 수 있으니까. 그렇게 사람을 부르고 배에 오른다. 매일 벌어지는 일이다. 그런데 어느 편 배든지 간에 동굴에 들어오면 아무것도 건드리지 않았다. 거기엔 이유가 있다. 만약 그랬다가는 무사히 부두를 빠져나가지 못할 테니까. 일상적인 일이다. 성모의 등불이 밤낮으로 밝혀져 있다. 섬에 사람이 없을 때도 마찬가지다. 이 섬에는 뭍으로 오르는 거북이가 넘쳐 붙잡아 배에 싣는다. 토끼도 많다. 손바닥처럼 평평한 섬은 전체 둘레 길이가 약 13킬로미터다.

이렇게 공물은 그득히 쌓였지만, 어떤 나라의 배도 그것에 손대지 못한다. 성상이 무섭기 때문이다. 몰타 갤리선단만이 그것을 트라파니[시칠리아 섬 서단의 항구]의 수태고지성당으로 가져갈 수 있다. 그렇지만 다른 배들이 건드린다면 그 배는 항구를 빠져나가지 못할 것이다!

### 4장
# 레반트 항해와
# 스탐팔리아 섬까지의 모험

그날 밤 나는 여로에 올라 밤새 바르바리 곶으로 달려, 아침에 난바다에서 16킬로미터쯤 떨어진, 모래밭이라는 이름의 엘 세코에 도착했다. 그곳에서 열일곱 칸짜리 소형 갤리선을 보았다. 불길한 일이었다. 그 배가 우리를 알아보더니 초승달 세 개가 새겨진 푸른 깃발을 올렸다. 선원들은 떨기 시작했고 어떤 십장은 이렇게 외쳤다.

"제기랄, 이제 꼼짝없이 노예 신세가 되게 생겼어! 트리폴리의 사이드 마미의 배야!"

그래서 나는 이렇게 말했다.

"유치하긴……, 말도 안 돼. 오늘 우리가 멋지게 한 건 올리자구!"

전투 준비를 하고 중포를 거치하고 탄환과 못 뭉치와 작은 자갈자루를 장전하게 했다. 그러면서 이렇게 외쳤다.

"나한테 맡겨! 저 배는 우리 차지야. 각자 창과 방패를 들고 있어. 자네들은 장총도 장전하고. (내 휘하에 믿음직한 스페인 병사 여덟이 있었다.)

드디어 적선으로 접근했다. 놈들의 배는 꿈쩍도 하지 않았다. 마치 우리를 기다리는 듯했다. 우리에게 퇴로가 없을 것이라 생각했을 것이고 우리 편도 그렇게 생각했지만, 나는 그런 생각은 창피하다며 무시했다.

"이보게들, 여기에서 기독교도 땅까지 190킬로미터밖에 안 되잖아. 우리 원군이 올 수도 있고 또 노 몇 번 저으면 우리가 장악할 수 있는데, 도망치면 놈들만 신바람날 거 아냐? 나를 믿어봐, 난들 죽고 싶겠어? 자, 잘 봐. 놈들 현측으로 나란히 붙어가면서 장총을 발포해보자고. 그러면 놈들은 납작하게 엎드리겠지. 놈들이 일어나 응사하려고 하면, 그때 포격으로 뭉개버리자고."

대원들이 이 말에 수긍하더니 깃발을 올렸다. 곧 맹공을 퍼붓자 그들은 당황하고 말았다.


### 제르바에서 소형 갤리선을 손에 넣다

이렇듯 단호하게 놈들의 소형 갤리선에 접근하자 그 배는 도망치기 시작했다! 네 시간 가까이 뒤를 쫓았지만 붙잡지 못했다. 나는 항해를 멈추고 선원들에게 식사하도록 했다. 놈들도 멀리 달아나지 않았다. 다시 저녁까지 추격을 계속했지만 달라진 것은 없었다. 우리는 밤새 그 배를 놓치지 않고 주시하면서 만약 그것이 어둠 속에 또다시 움직인다면 라 칸타라까지라도 쫓아가려 했다.

날이 밝기 전 선원들에게 간단히 요기를 하도록 하고 어떤 상황에서도 용기를 잃지 않도록 포도주를 마시게 했다. 아침에 나는 화승총을 잡았다. 뱃머리를 적에게 향하고 속도를 낸 놈들을 앞지르면서 소총을 발사했다. 놈들은 있는 힘을 다해 도망쳤다. 나도 계속 쫓아 놓치지 않았다. 마침내 놈들은 제르바 요새 밑까지 기어들 수밖에 없었다. 그곳에서 놈들은 허리까지 차는 물로 뛰어들어 땅으로 올라갔다. 그곳 바다는 깊지 않았다. 거기에서 나는 다시 총포를 발사했다. 나는 놈들의 배에 닻줄을 걸고 섬의 포 사정거리 밖까지 끌어냈다.

배에 기독교도 노예 둘이 있었다. 하나는 마요르카 출신이고 다른 하나는 트라파니 출신이었다. 또 배에서 소총과 활, 화살과 옷가지를 수거했다. 돛과 깃발을 끌어내렸다. 배는 우리 배가 끌고 가기에 너무 버거워 불질러버렸다. 우리는 라 칸타라로 향했다. 그렇지만 부두에 배 한 척 없었다. 불태운 배는 산타 마우라(이오니아 제도)에서 출발한 것이었고 보급하기 위해 무장한 채 바르바리에 왔던 것이다.

라 칸타라에서 올드 트리폴리*로 건너갔다. 나는 그곳에서 19킬로미터 떨어진 만에서 하루 낮과 밤 동안 꼬박 돛을 접고 숨어 있었다. 이튿날, 아침에 무어인 남녀 열일곱 명이 타고 항아리를 실은 '가바르'**가 지나갔다. 한 명도 도망치지 않았다. 그들 모두 우리 배로 옮겨 타게 했다! 그런 뒤 배를 바다에 처박았다. 물론 사프란과 양모가 가득한 큰 항아리

---

* 리비아의 수도가 아니라 레바논의 수도 북쪽에 있는 고도古都다.
** 돛과 노가 붙은 작은 하역선. 연안을 운항하며 큰 배의 화물을 싣고 내린다

레바논의 고도 올드 트리폴리의 구 시가지.

는 건졌다.

우리는 몰타로 돌아가 환영받았다. 나는 포로를 넘겨준 대가를 받았다. 기사들은 포로의 몸값을 누구든 가리지 않고 6에스쿠도씩 쳐주었다. 총 노획에서 내 몫은 7퍼센트였다. 나는 이 돈으로 친구들, 작부들과 어울리며 써버렸다. 그토록 힘겹게 번 돈은 대부분 여자가 들어줘었다.


## 좋은 친구가 된 '여자'

그 무렵 시내에서 10킬로미터 떨어진 산 그레고리오에서 축제가 열렸다. 모두들 그곳으로 갔다. 대장도 갔다. 시내에 '여자' 하나 보이지 않았다. 나도 분명 거기에 가야 했겠지만, 여자를 사람들 앞에 내놓기 싫었기 때문에 우리 둘은 가지 않았다. 식사 때부터 우리가 가네 마네 하며 다투고 있을 때, 산 엘모 성에서 포성이 울렸다. 그 소리는 계속 이어졌다. 나는 거리로 뛰쳐나갔다. 사람들이 이렇게 외쳤다.

"수도원 화덕[빵 굽는 곳]의 노예들이 도망친다!"

서둘러 보르고*로 달려갔다. 대원들을 찾아 배를 띄우려 했지만 아무도 찾을 수 없었다. 모두 산 그레고리오 축제에 가 있었다. 그래서 나는 승객을 실어나르는 거룻배 사공들을 모아 배를 띄우고 중포와 짧은 창으로 무장시켰다. 부두를 나와, 홑청으로 돛을 달고 범선으로 위장한 꽤 큰 거룻배를 타고 나간 노예들을 추적했다.

* 몰타 섬의 기사단 요새 항구. '승리의 도시'라고 부른다. 지금의 비르구다.

몰타 섬의 산 엘모 요새. 1552년 예루살렘 성 요한 기사단이 건설했다.

몰타 섬의 보르고 항구.

나는 그 곁으로 접근하며 "멈춰라!" 하고 소리쳤다. 놈들은 염치없이 "어디 와 봐!"라고 받아쳤다. 놈들은 스물세 명에, 화살도 많았고 활을 셋 갖고 있었다. 또 서른 개가 넘는 갈고리에, 언월도도 두 자루가 보였다. 나는 다시 외쳤다.

"물귀신 되기 싫거든 항복해. 용서해줄 테니. 자유를 찾는 건 당연하니까!"

하지만 놈들은 완강했다.

"자유가 없는데 뭐 하러 살아, 차라리 죽지."

거기에 나는 중포를 갈겼고 네 명이 나가떨어졌다. 놈들은 화살을 소나기처럼 퍼부었고 우리 측은 선원 하나가 죽고 둘이 다쳤다. 곧 놈들의 거룻배로 뛰어올라 우리 배로 옮겨타게 했다. 손을 묶고 거룻배를 예인했다. 나는 주모자를 불구로 만들었다. 그는 그 상처로 죽었다. 놈이 죽기 전 나는 내 활대 끝에 거꾸로 매달고 부두로 들어왔다.

주민들 모두 성벽에 올라서 있었다. 포 소리를 듣고 대장도 와 있었다. 노예들은 1만 2000두카트의 은전과 주인의 패물을 갖고 있었다. 그들 중 넷만 화덕에서 일했고 나머지는 개인 집 노예였다.

나는 거룻배에서 거둔 것을 미리 내 몫으로 챙겨두었다. 배에서 내린 나는 대장의 손에 키스했다. 그는 크게 치하하고 200두카트를 하사했다. 아무튼 직접 챙겨놓지 않았더라면 한 푼도 못 쥘 뻔했다. 노예 주인들이 원로들이었고 나를 공격했기 때문이다. 그중 한 사람은 내가 죽인 노예를 보상하라며 소송을 걸었다. 하지만 싱겁게 끝났다. 사망한 그 노예는 매장되었고, 내 '여자'는 우리가 축제에 가지 않아 잘 되었다며 희희낙락했다. 내가 거룻배에서 거둔 것을 차지했기 때문이지만. 그 덕에 그녀는 번듯한 새 집을 갖게 되었다.


## 카푸친 수도승의 구출

며칠 뒤, 나는 몰타를 찾아가던 시칠리아의 카푸친 수도승* 셋이 목재 운반선을 타고 가다가 해적의 공격을 받고 납치되었다는 소식을 들었다. 대장은 자정에 나를 급파해 돛배[해적선]를 수색하게 했다. 그래서 바르바 리까지 가야 했다. 시칠리아 남쪽 포찰로[몰타로 운항하는 선박의 기항지] 탑 에서 나는 그 돛배가 리카다로 항해중인 것을 알았으며 곧 따라나섰다. 그랬더니 지르젠티로 갔다고도 했고 마차라로 갔다고도 했다. 거기서 또 다시 마리티모라는 바르바리 연안의 섬으로 갔다고 했다. 왕의 작은 성 이 있는 그곳에서 사람들은 그들이 바르바리로 떠난 지 일곱 시간 되었 다고 했다.

나는 놈들을 잡겠다고 단단히 마음먹었다. 선원들은 보급품이 부족하 다고 투털댔다. 사실 그랬다. 하지만 람파두사의 성모께서 우리가 가는 길목에 있으니 거기에서 급식을 보충할 생각이었고, 또 도사[주술사]에게 도 구입할 수 있겠다 생각했다. 그렇게 말해주니 모두 조용해졌다.

하느님의 가호를 빌면서 바르바리로 항했다. 항해한 지 여덟 시간이 채 안 되었을 때 망루에서 돛배를 발견했다고 보고했다. 나는 낮에 일을 끝 내려고 돛을 올리고 [12미터 길이에 130킬로그램이 나가는] 모든 노를 저어

---

* 청빈한 생활을 하는 프란체스코 수도회의 한 일파를 말한다.

시칠리아, 포찰로 탑.

전속력을 내게 했다. 돛배는 칼리노사 섬에 밤새 숨어 있으려 했을 것이다. 하지만 나는 그들의 계산보다 훨씬 먼저 기를 쓰고 섬의 연안에 도착했다. 놈들은 무어족 열일곱 명이었는데 도망쳐버리고 없었다. 배에는 수도사 셋뿐이었다. 또 여자 하나와 열네 살 소년과 노인도 한 명 있었다. 나는 그 배를 바다에 정박시키고 아침까지 지키도록 했다.

수도사들의 손에 수갑이 채워진 모습이 딱해 보였다. 아침을 먹고 나서 나는 민첩한 대원 둘을 섬 위로 올려보내 바나를 살피게 했다. 하나는 꼭대기에서 정찰하고 다른 하나가 내게 보고하러 내려오도록 지시했다. 대원은 바다에는 배 한 척 없이 말끔하다고 했다. 그래서 나는 작은 숲의 네 구석에 불을 지피도록 했다. 그러자 무어인 열일곱 명이 모두 뛰어나왔다. 그들을 생포해 절반은 우리 배에 태우고 나머지는 놈들의 배에 태웠다. 대원들도 둘로 나눠 승선시켰다. 그런 뒤 몰타로 향했다. 얼마나 신바람이 났는지 몰랐다. 이 원정에서 나는 300에스쿠도의 상을 받았을 뿐만 아니라 '여자'도 횡재한 셈이었다.

얼마 뒤 나는 레반트로 파견되었다. 전속력으로 란사도 만에 정박했다. 처음 기항지는 몰타에서 약 1000킬로미터 떨어진 찬테였다. 나는 몰타 제도로 빠져들어가 체르판토 섬으로 들어갔다. 그날 아침 노를 젓기도 하는 작은 돛배를 만났다. 그리스인 열 명이 타고 있었다.

나는 그들을 우리 배로 올라오게 하고서 그렇게 잘 차려입고 어디로 가느냐고 물었다.

"키오스 섬이오."

나는 화를 내며 되물었다.

"그 터키 사람들을 어디로 데려가는 거냐?"

그들은 맹세코 쥐새끼 하나 데려가지 않는다고 했다.

"그렇다면 여기 터키 음식은 다 뭐야? 터키 사람들 먹을거리 아닌가? 그들이 배 안에 없단 말이야?"

그래도 부인했다. 그래서 호되게 문초를 시작했다. 그래도 허사였다. 돌판 위에 벌거벗겨 묶어놓았던 열다섯 살짜리 사내아이가 있었다. 나는 이렇게 말했다.

"사실대로 털어놓지 않으면 목이 날아갈 줄 알아."

내가 단호하게 칼을 들이대자 소년의 아비가 내 발치에 무릎을 꿇고 애원했다.

"아이고, 선장님, 아들 좀 살려주시오. 터키 사람들 어디 있는지 말할 테니!"

이 사람은 몸이 엉망으로 상할 만큼 고문을 당한 뒤였다. 아무튼 자식 사랑에 감탄할 수밖에 없었다.

우리는 터키인 셋을 끌어냈다. 관리 하나와 하인 둘이었다. 관리는 '알주바'라는 드레스처럼 화려하게 수놓인 오토만 관복을 걸쳤는데 담비털이 붙은 진홍색이었다. 은고리에 금붙이를 박은 단도를 차고 있었다. 그는 내 앞에 무릎을 꿇더니, 붉은 수염으로 내 구두를 정성껏 닦았다. 나는 작은 돛배에 그리스인들을 태워 돌려보냈다. 그들은 터키인 외에 고리짝 다섯 개, 불룩한 터키식 궤짝을 배에 싣고 있었는데, 이 궤짝에 화려한 금붙이가 가득했다. 붉은 비단 여러 필과 어린아이 신발도 들어 있었다.

## 아테네에서 터키 인질을 흥정하다

터키인은 콘스탄티노플에서 물건을 잔뜩 실은 '카라무살'을 타고 왔지만 사략선이 무서워, 더욱 안전해 보이는 작은 돛배에 승선했다고 한다. 설득력 있는 말이었다. 그는 터키 함대가 흑해로 갈 것이라고도 했다. 이런 정보에 안심한 나는 그에게 몸값을 내고 풀려나겠느냐고 했다. 대답은 물론 "그렇고 말고"였다.

그는 세 차례 흥정 끝에 내게 금화 3000세키노를 내놓겠다면서, 그것을 마련할 동안 아테네 자기 집에서 두 아들을 인질로 내놓겠다고 했다. 나는 아테네로 갔다. 항구까지 들어가지는 않았다. 입구가 너무 좁아 빠져나오기 쉽지 않을 것 같았다. 그러자면 적어도 소총수 스물은 있어야 할 것이다. 나는 뭍에서 8킬로미터 떨어진 곳에 정박했고, 거기에서 그들의 하인 하나를 보냈다. 다녀오는 데 세 시간을 주었다. 그는 떠났다가 아테네의 모든 귀족을 데리고 돌아왔다. 그들 모두 말을 타고 왔다. 그 많은 기마를 보고서 나는 큰 바다로 물러났다. 그러자 그들은 흰 깃발을 올렸다. 나는 우리 성 요한 기사단 깃발을 올렸다. 터키인 셋이 우리 배로 찾아와 협상을 이행하도록 상륙하라고 했다. 다른 이들이 복종하는 모습으로 보아 그들 중 하나가 지도자인 듯했다.

그는 이튿날까지 돈을 모으기 어렵겠다고 말했다.

"그렇다면 돌아가겠소. 여기에서 네그로 폰테까지 육로로 얼마 되지도 않고, 당신은 그곳 파샤[수령], 모라토 간초에게 고할 수도 있을 테니. 그렇게 되면 그가 스물여섯 칸짜리 갤리선을 몰고 오지 않겠어. 땅과 바다 어디서든 내 안전이 보장되어야 하오. 당신이 원하는 시간 동안 기다릴 수는 있소."

나는 단호히 답했다. 그러자 그가 대답했다.

"바다로 안 되면 육로로 하겠소이다."

"좋소, 기다리겠소. 하지만 우리 배에 터키인들이 있다는 것을 잊지 마시오."

이렇게 내가 다짐하자, 그는 손가락으로 그곳에 있는 모든 사람을 가리키며 이렇게 말했다.

"할라 일랄라."

서약서 스무 통보다 더욱 확실한 약속이었다. 우리는 서로 이런저런 이야기를 나누었다. 그가 스페인 말을 알아들었기 때문이다. 그런데 그는 사실 약속하기 전에 벌써 모라토 간초에게 사람을 보냈다!

우리는 그가 잡은 송아지 구이를 먹고, 포도주 대신 독한 코린트 브랜디를 마셨다. 그는 나를 말에 태우려고 했다. 하지만 나는 바다만 돌아다닌다고 했다. 그러자 그들은 말안장에 올라타더니 마술馬術을 보여주었다. 멋진 모습이었다. 잘 생긴 말들이었다. 모두 화려하게 금수를 놓은 양탄자를 등에 얹었는데 250필이 넘었다.

그들이 가져온 금액은 완전히 깨끗한 세고비아 은전 8레알레였다. 그들은 금화가 없으니 이것을 받으라고 했다. 나는 대원들에게 세어보도록 했다. 아무튼 이런 막대한 새 돈을 그렇게 외진 구석에서 보다보니 의아했다. 어디서 나왔을까? 속임수 아닐까? 그래서 하나를 잘라보라고 했다. 속은 구리였다. 은을 입힌 것이었다! 나는 항의했다. 하지만 그들은 자신들도 알라 신께 맹세코 모르는 일이라고 했다. 그들은 이것을 전한 베네치아 상인 둘을 죽이려 했다. 내가 제지하지 않았더라면 그렇게 했을

지 모른다. 그들은 내게 다시 마을로 가서 돈을 가져올 시간 동안 참아달라고 했고, 터키인 넷이서 각각 말을 타고 바람처럼 사라졌다.

그러던 중, 모라토 간초의 갤리선이 만 입구에 불쑥 나타났다. 그것을 본 나는 얼어붙고 말았다. 하지만 터키인들은 말에서 내려 창끝에 백기를 걸고 흔들었다. 갤리선은 그들 앞으로 접근하더니 닻을 던졌다. 우리 배와 소총 사정거리 안이었다. 이러니 터키인을 어떻게 믿을까!

선장이 하선해 다른 터키인들과 함께 있던 내게로 다가왔다. 나도 앞으로 나아가 서로 인사를 나누었다. 그는 그 식대로 나는 내 식대로 하는 인사였다. 그는 내게 양해를 구하고 나서 내가 붙잡아둔 포로를 보고 싶어했다. 나는 즉시 포로를 끌어내도록 했다. 잡았던 당시 그대로 "알주바"를 입고 결박된 채였다. 그들은 예의를 갖추었다. 우리와 꽤 이야기를 나누던 끝에 그가 우리 배에 올라와보고 싶다고 했다. 우리는 배로 자리를 옮겼다. 고적 소리가 우리를 반겼다. 그렇게 조금 지체하고 나서, 우리는 뭍으로 다시 내려와 돈을 기다렸다. 별로 늦지 않게 돈이 도착했다. 왕복 두 시간쯤이면 된다고 기병이 약속했기 때문이다. 그들은 금화를 가져왔다. 거기에 비단처럼 곱고 흰 면 두 필을 추가하고, 은세공 언월도 두 자루도 얹어주었다. 활 두 개와 금촉이 붙은 화살촉 500자루가 든 화살통 두 개, 엄청난 빵과 독주와 암송아리 두 마리도 추가했다. 나는 포로의 것이던 비단과 신발을 배에서 내려놓아 포로에게 돌려주었다. 그는 내게 감사의 포옹을 했다. 나는 그에게 다마스 검[초승달처럼 굽은 모양의 아랍 전통검] 한 자루를 주고, 갤리선 선장에게도 한 자루를 주었다. 그는 내게 다마스 금장 단검으로 보답했다.

그러는 동안 벌써 해가 졌고, 나는 떠나려 했다. 하지만 그는 함께 저

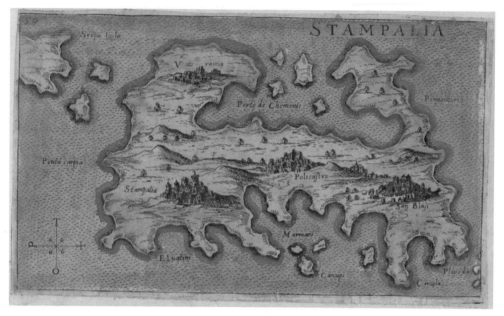

스탐팔리아 섬의 16세기 지도. 자코모 프랑코 작성.

스탐팔리아 섬의 오늘.

녁을 하고 아침에 떠나라고 제안했다. 나는 받아들였다. 대단한 성찬이었다. 만찬중에, 내게 잡혔던 포로는 선장에게 쪽지로 내게 붙잡혀 있는 자기 하인 둘을 되찾게 해달라고 부탁했다. 그는 곧장 내게 제안했고 나는 그들을 배에서 끌어내 풀어주라고 명했다.

"자 이제 당신 수중에 있소."

그는 매우 기뻐하면서 금화 200세군도를 내놓았다. 내가 사양하자, 그는 이렇게 말했다.

"그렇다면 내가 데리고 있는 기독교도 종을 주겠소."

"그가 자유를 얻게 되니 좋은 일"이라면서 나는 그의 제안을 수락했다.

배로 돌아온 나는 아침에 모라토 간초에게 출항을 청했다. 그는 언제든 떠나도 좋다고 했다. 그렇게 돛을 펴고, 노를 저으며 중포를 울려 작별을 고했다. 그도 자기네 포성으로 응답했다. 우리는 헤어져 각자 여로에 올랐다.

로데스 해협을 지나 그리스인이 많이 살고 있는 스탐팔리아*에 정박했다. 지방관**도, 지휘관이나 지역사령관도 없었고 해군총사령관이 임명한 그리스 사람이 그 역할을 대신했다. 당시 이미 유명했던 나는 이 섬에서 환대를 받았다. 그들을 괴롭힌 적이 없었고, 오히려 때마다 도와줬기 때문이다. 나는 터키인들을 공략했을 때나 아니면 몰타로 나포한 배를 끌어갈 수 없을 때 그들에게 배를 줬고, 보통 갖고 돌아가기 마련인 쌀과 귀리, 아마포를 그들에게 팔곤 했다. 그래서 그들은 간혹 큰 다툼이 벌어

---

* 에게 해의 터키 남서부에 인접한 도데카니사 제도에서 중심이 되는 섬. 로마제국 시대부터 해적을 피하는 군사적 요충지. 그리스어로 '아스티팔레아'다.
** 코레지도르. 행정관이나 왕의 직계신하가 없을 때 대신한다. 재판과 행정을 책임진다.

지면 이렇게 말하곤 했다.

"알론소 선장께 문제를 해결해달라고 하자고!"

그러면 내가 도착하기를 기다렸다가 그것을 해결했으니, 그렇게 1년씩 기다리기도 했다. 마치 국왕참사회의 명이라도 된다는 듯 내 결정을 따라 주었다. 그러고 나서 우리 모두 함께 잔치를 벌였다.

## 5장
# 레반트에서 몰타로
# 돌아가던 길에 벌어진 일

### 스탐팔리아 입항

부두로 들어갔다. 마침 축일이었다. 내가 온 것을 알고서 사람들은 그 소식을 알리고 금세 모든 주민이 '조르조 대장'이라 부르는 사람과 함께 마중을 나왔다. 사람들은 나를 '멋쟁이 총각'이라고 불렀다.

수많은 유부녀와 처녀가 몰려들었다. 여자들은 종아리가 드러나는 치마에 작고 알록달록한 저고리를 입었는데, 소매는 팔뚝에 착 달라붙고 소맷자락은 부풀어 허리춤까지 내려왔다. 긴 양말과 화려한 신을 신었다. 코가 터진 슬리퍼를 신기도 했는데 옷처럼 고운 빛깔인 것도 있었다. 비단신도 있었지만 이런 신발을 못 신은 사람은 주홍 신을 신었다. 여자들은 우리가 목에 거는 진주를 이마에 둘렀다. 부유한 여자는 금귀걸이에 금팔찌를 차고 있었다. 그녀들 중 내 옛 친구들이 많았다. 나는 그녀들의 아이들 세례식에 [대부로서] 참석하기도 했다.

그런데 많은 사람이 슬피 울며 내 앞으로 다가와 정의를 호소했다. 무장한 기독교도[로마가톨릭] 범선이 자기네 [동방정교회의] '신부님'을 납치해 볼모로 삼고서 2000세군도를 요구하고 있다고 했다. 이에 나는 물었다.

"그 배와 인질은 어디 있소?"

"오늘 아침에 미사를 올리지도 못했어요. 지금 벌써 오후 두 시인데."

"그런데 그런 짓을 한 기독교도 배는 어디쯤 있겠소?"

"데스팔마도르[3킬로미터 떨어진 곳의 섬]로 갔겠지요."

나는 준비를 단단히 하고 뱃머리를 돌렸다. 그들을 응징해야 했기 때문이다. 기독교도라 하더라도 그들은 무허가로 무장했고 못된 짓을 저질렀다. 그들은 무어인이든 기독교도이든 가리지 않고 마구잡이로 도적질을 했다. 게다가 신부를 납치하고 2000세군도를 요구했으니……

## 스탐팔리아 신부를 납치한 해적선을 붙잡다

우리는 금세 작은 섬에 도착했다. 손에 무기를 들고 대포도 준비했다. 거기에서 범선을 보았다. 성모상을 새긴 깃발을 나부끼며 정박해 있었다. 배는 아홉 칸짜리, 20인승 소형이었다. 선장을 우리 배로 올라오라고 했다. 그는 곧장 달려왔다.

"당신 어디서 무장했소?"

"메시나에서."

"허가증 있소?"

그는 허가증을 보여주었지만 가짜였다. 그래서 그들 중 절반을 우리 배 위로 올라오게 해 족쇄를 채웠다. 그리고 우리 대원 절반을 그 배로 보내 나머지 놈들을 감시했다.

그러자 그들이 불평을 쏟아냈다. 잘못한 것이 없다고 우겼다. 자코모 파네로 선장이 부왕의 허가를 받았다고 자신들을 속였다는 것이다.

"당신을 따르기만 하겠소. 이 세상 끝까지라도 가겠고. 하지만 저 선장하고는 한 발짝도 떼지 않을 테요. 우리는 그가 신부를 붙잡으려 할 줄 몰랐고 당신 배가 입항하는 것을 보았을 때 즉시, 선장이 신부를 데리고 도망치려 했지만, 우리는 거부하고 당신이 오기를 기다렸소."

그럴 듯해서 나는 마음을 돌려 그들을 풀어주기로 했다. 그 대신 선장을 섬 위에 내리도록 했다. 발가벗기고 음식도 주지 않고, 굶주려 죽어가며 자기 죄를 반성하라고.

나는 이렇게 범선 두 척을 이끌고 항구로 돌아왔다. 거의 모든 주민이 나와 있었다. 나는 신부님을 내려드렸다. 주민들은 환호하면서 내게 많은 축원을 보냈다. 반대로 내가 선장을 벌거벗겨 식량도 남기지 않고 섬에 내려두고 왔다고 하자 무릎을 꿇고서 그를 데려와 달라고 애원했다. 나는 이렇게 답했다.

"귀찮게 하지들 맙시다. 기독교도의 적들은 벌을 받아야 해요. 도둑놈들은. 목을 매달지 않은 것만도 고마워해야 할 거요!"

우리는 배에 감시를 남겨두고서 성당으로 올라갔다. 나는 대원 한 명도 데려갔다.

성당에 들어서니 의자에 점잖은 신사들이—그 구석에서 신사라고 할 만한 사람들이 있다고 한다면—앉아 있었다. 어느 고장에서나 볼 수 있는 존경받는 사람들이다. 그들은 나를 양탄자 위에 놓인 의자에 따로 앉혔다. 잠시 후 신부가 나타났다. 그는 부활절 예복 같은 것을 걸쳤다. 그가 노래하기 시작하자 좌중 모두가 따라 불렀다. 하느님께 감사하는 '거룩한 그리스도'라는 찬송이었다. 신부는 내게 향을 뿌려주고 얼굴에 입을 맞추었다. 그러자 모든 사람이 다가와 남자와 여자 순으로 똑같이 했다. 물론 기막힌 미녀들이 해주는 키스는 전혀 부담이 없었다. 하지만 사내들의 입맞춤은 고역이었다. 그 거친 수염을 부벼대니까!

성당에서 나와 우리는 조르조 대장 집에 가서 '파파'를 비롯한 모든 친지와 함께 식사했다. 마을 사람들은 범선에도 빵과 술과 조리한 고기와 과일을 푸짐하게 돌렸다.

## 스탐팔리아 사람들은 내 결혼을 바랐다

우리 회식 자리는 산해진미로 넘쳤다. 나를 식탁 끝의 상석에 앉히려고들 했지만 나는 사양하고서 신부님을 앉혔다. 대장의 사모님과 또 아직 미혼인 딸은 곱게 치장하고서 우리 쪽에 합석했다. 우리는 마음껏 먹고 마셨다. 식후에 나는 배로 돌아가야 한다고 말했다. 그러니까 신부님께서 근엄하게 일어나 이렇게 말했다.

"알론소 선장, 이 섬의 주민 모두가 당신이 여기 눌러살도록 문을 걸어잠궜소. 그러니 조르조 대장의 따님과 결혼해서 이곳을 지키면 좋겠소.

대장과 우리는 당신께 모든 재산을 줄 것이요. 우리는 해군사령관[갤리선 대의 책임자로 몰타 기사단 간부]이 선장에게 우리 지역을 맡겨 달라 할 것이고, 관례적으로 내놓는 세금 외에 선물도 할 것이요. 어렵지 않은 일입니다. 우리는 당신을 따르겠소. 우리가 성당에서 그렇게 맹세했으니 달라질 수 없지 않겠소. 하느님의 가호로 그토록 오래전부터 빌어왔던 일을 이루어봅시다!"

하지만 나는 그럴 수 없다고 사양했다.

"내 임무를 보고하러 몰타로 돌아가야 하기도 하지만, 여기서 그렇게 한다면 눈총을 받게 될 것입니다. 내가 기독교도 땅에서 기독교도와 결혼하지 않고 터키 땅에서 결혼한다면, 배신에 따른 대가를 치르게 되겠지요. 더구나 나와 함께 온 동료들도 터키 땅에 남아야 하지 않습니까? 상심하겠지요. 그러면 내가 그들의 자유와 마음을 뺏는 것 아니겠습니까."

내 말이야 매우 합리적이었지만 그들은 완강히 욕심을 내며 나더러 남아야 한다고 했다. 그래서 나는 다시 이렇게 말했다.

"배로 돌아가서 동료들과 의논해보라고 우리 대원을 보내봅시다. 그러고 나서 결론을 내립시다."

우리 대원은 정박장으로 내려가 사태를 설명했고 대원들은 당황했다. 그렇지만 마을 주민들과 마찬가지로 동료들도 나를 여전히 사랑했다. 그들은 주저 없이 함선들마다 중포 한 발씩을 당겨 성문 앞에서 멀지 않은 방앗간[풍차] 앞으로 발사했다. 또 그리스 사람들에게 나를 놓아주지 않는다면 이곳을 점령하러 성내로 들어오겠다고 동료 편에 전했다. 그들이 내게 진 빚을 그런 식으로 보답할 수 있느냐고 했다.

그러자 내가 그토록 존경받는 줄 알게 된 그리스 사람들은 이렇게 말했다.

"아이고! 우리가 당신을 모시려던 생각이 틀리지 않았군요. 임무를 마치고 나시걸랑 다시 돌아오겠다는 말이라도 해주시오."

그렇게 약속을 하자, 사람들은 처녀와 내 손을 맞잡게 하면서 그녀와 포옹하도록 했다. 나는 진심으로 입을 맞추었다. 그녀와 재미를 보려한들, 아무 걸림돌도 없을 것이었다. 신부님은 내게 아주 훌륭한 양탄자 석징을 주었고, 치녀는 수놓은 방석 두 벌과 수건 너 장, 금사로 수놓은 비단 '베리올라스'[모자]를 선물했다. 대원들에게는 신선한 먹을거리를 주었다. 내가 작별을 고하자 사람들은 '최후의 심판의 날'이라도 맞은 듯 한탄했다.

### 적의 함선을 따돌리다

스탐팔리아에서 모르곤 섬으로 건너갔다. 그 섬에 나포했던 범선을 풀어주면서 나는 다시는 기독교도의 재산을 건드리지 않겠다는 맹세를 받았다. 그 해역에서 무장한 범선 여러 척이 다니기는 좋지 않기 때문이다. 형제처럼 서로 이해하고 돌봐야 하기 때문이다.

모르곤에서 다시 성 요한의 섬 파트모스로 향했다.* 이 섬은 황제에게 유배된 성 요한이 '묵시록'을 지은 곳이다. 그곳에 성자가 끌려왔을 때 묶

---

* 이 섬은 고대에 로마인들이 유배지로 이용했다. 복음성자 성 요한은 95년 로마 황제 도미티아누스의 그리스도교 박해 때 파트모스 섬으로 유배되었고 이곳에서 묵시록을 저술하다가, 96년 도미티아누스가 암살되자 사면받아 에페소스로 귀환하여 요한복음과 요한서신을 저술했다.

파트모스 섬의 항구.

였던 사슬이 보관되어 있다.

그 뱃길에서 나는 터키인 두 명을 싣고 가는 그리스 쪽배 한 척을 만났다. 그중 한 사람은 하산 마리올로의 갤리선 항해사로서 변절한 기독교도였다. 그는 시라 섬에서 막 결혼한 참이었다. 나는 둘을 붙잡아 쇠고랑을 채우고 배는 놓아주었다. 그가 모르지 않을 것 같아 함대가 모여 있는지 묻자 그는 아니라고 했다. 그래서 나는 항해를 계속했다. 파트모스 섬에서도 같은 이야기를 들었으니 확실할 것이다. 그곳에 수도원으로 사용하는 성이 있었는데, 그 수도원은 매우 부유했고, 그들의 배는 성 요한 기사단 배들과 같은 깃발을 사용했다.

나는 우리의 '다마스 천'[진홍색 아마포]과 은화 등 전리품을 분배할 생각으로 그곳에서 24킬로미터 떨어진 푸르노라는 무인도로 올라갔다. 몰타에 도착하기 전에 미리 그렇게 분배하는 관행에 대원들은 무척 좋아했다.

나는 섬 안쪽과 바다를 두루 살피도록 고지로 대원 셋을 올려보냈다. 그중 하나가 내려와 보고하도록 했다. 그러는 동안 나는 은전이 들어 있는 통과 다마스 천을 내려놓게 했다. 그때 위에 올라갔던 대원이 달려와 이렇게 말했다.

"갤리선 두 척이 섬에 정박했습니다!"

천과 은전이 들어 있는 통을 즉시 배에 올리게 하고서 대담하게 돛을 올리게 했다. 다른 정찰대원들이 내려와 "이제 우리는 노예가 된 것이나 다름없어요"라고 했다.

나는 "각자 정위치로!"라고 명했다. 우리는 닻을 올리고 내포에서 기다렸다.

갤리선들은 항로를 빠르게 가느라고 우리를 발견하지 못했다. 그렇지 않으면 양쪽에서 그 작은 섬을 포위할지도 몰랐다. 만의 한쪽 끝에 갤리선 한 척이 나타났을 때 우리는 조용히 있었다. 돛을 올린 채 항해하던 그 배는 한동안 우리를 모르고 지나쳤다. 그러다가 우리 배를 알아보고 접근해왔다. 완전히 근접한 상태였고 또 다른 한 척도 다가왔다. 그들은 고함을 지르며 전속력을 냈다. 첫 번째 배의 뱃머리가 우리 고물을 치받았다. 이런 충격에 흔들리지 않도록 놈들의 선장은 언월도를 손에 쥐고 자기 대원들이 우리 갑판으로 올라서지 말도록 저지하면서 뱃전으로 올라섰다. 그러더니 이렇게 외쳤다.

"너절한 놈, 밧줄이나 받아라!"

그 밧줄로 나를 옭아매려는 것이었다. 그러면서도 그들은 상당히 곤혹스러워 하며 갈팡질팡했다. 나는 속으로 이렇게 다짐했다.

'어차피 이판사판이지.'

나는 손에 [돛아랫귀를 펴서 묶는] 밧줄을 당겨 돛을 올려 갤리선을 밀쳐내고 또 다른 돛을 올렸다. 놈들은 모두 무척 당황했다. 그들의 돛이 갑판의 좁은 통로에 접혀 있었기 때문이다. 그들이 다시 돛을 펴는 동안, 우리는 이미 난바다로 나갔다. 그들이 돛을 올렸을 때 우리는 이미 1.5킬로미터 이상 떨어져 있었다.

만을 벗어나기 위해 연안을 따라가야 했으므로 나는 그들의 제일 좋은 대포가 걸린 뱃머리 앞쪽으로 통과해야 했다. 바람은 잦아졌다. 그들이 모래시계를 여덟 번 돌려놓을 동안 우리를 쫓았지만 거리를 좁히지는 못했다. 다시 바람이 불었다. 우리는 돛을 올리고 놈들도 올렸다. 놈들이 포를 쏘아댔다. 그중 한 발이 우리 돛대 아래쪽을 관통했다. 또 한 발은 돛대와 삼각돛 활대들을 받치는 갈귀*를 때려부쉈다. 활대가 굴러떨어졌을 때 배가 침몰할까 겁이 났다. 게다가 놈들은 뱃사람의 오랜 꾀를 냈다. 즉 그들 선원 모두 우리 배를 보러 뱃전으로 몰려들었기 때문에 그 속력이 떨어졌다. 하지만 선장은 배 한복판 널판 쪽으로 대원들을 주저앉혀 무게중심을 잡은 뒤 더욱 빠르게 다가왔다.

거의 패배가 보이는 이런 상황에서 나는 다시 용기를 냈다. 갤리선들은 난바다 앞으로 우리보다 먼저 나가 있었으므로, 우리를 언안 쪽으로 밀어붙였다. 이런 위협 때문에 우리는 좌초하지 않으려면 도주해야 했다. 그런데 해역의 내륙 쪽에 사모스라는 작은 섬이 있었다. 그 섬에 몰타 기사단 갤리선들이 급습하기 위해 잠복하던 작은 부두가 있었다. 나는 그쪽으로 배를 몰았고 대원 하나를 돛대 위 망루로 화약통을 쥐어 올려보냈다. 그것을 두 번 불붙여 흔들고, 모자를 흔들어 신호를 보내라고 했다. 이 신호를 보자 적들은 방향을 틀어 모든 돛을 올리고 전속력으로 회항했다. 놈들은 몰타 갤리선대가 그곳에 있다고 믿었던 것이다! 그렇게 해서 조금 뒤 우리 시야에서 사라졌다.

나는 더욱 높은 곳에서 안전하게 살필 수 있는 니카리아 섬으로 들어갔다. 그다음 날 저녁 우리는 미코노스 섬까지 항해했다. 가는 길에 염소가죽을 실어나르는 키오스 섬에서 출발한 프랑스 화물선**을 만났다. 그 배는 갤리선 두 척으로 우리를 공격했던 선장***이 자기 영역에 들어온

---

* 갑판이나 선상 좁은 통로 위에 돛을 받치는 부분이다.
** 지중해 지방의 '타르탄'이라는 작은 돛배. 어선이나 화물운반에 쓰였다. 19세기에 증기선이 등장하면서 거의 사라졌다.
*** 이 선장은 전에 제노아에서 백정 일을 배우던 솔리만 가타네아라는 인물이었다.

'타르탄' 선박. 19세기 프랑스 툴롱 항에 정박한 모습이다.

범선을 놓쳐 크게 낙심하고 있다고 했다. 그래서 나는 "그게 바로 나요!"라고 했다. 화물선 선장은 이에 크게 놀라 입을 다물지 못했다. 그는 솔리만 선장이 나를 찾아 재출항 준비를 하면서, 제도의 출구에 잠복할 것이라고 했다. 그래서 나는 몰타로 가기로 했다. 북풍이 꽤 불기를 기다렸다 돛을 올리고 나서야 걱정을 덜었다.

몰나에서 사람들은 이런 모험에 놀라워했다. 우리는 '자비의 성모 성당'에 성심껏 직물을 바치고 나서 돈과 옷감을 분배했다. 그리고 그해에 터키 함대의 원정이 없을 것이라는 사실을 알게 되자 몰타 사람 모두 안심하게 되었다.


## 솔리만 항에서 겪은 불운

며칠 뒤 우리는 범선 두 척을 이끌고 다시 출항했다. 기사단 대장 한 명과 과거 내가 모시던 몽레알 함장이 이끌었다.

몰타를 떠날 때 우리 배 각각에 서른일곱 명이 승선했다. 큰 바다로 나가 아프리카의 곶을 향했고, 해로 1120여 킬로미터를 항해한 끝에 처음으로 보난드레아 곶*에 닿았다. 그리고 물을 공급받으러 '솔리만 항구[튀니지]'에 들어갈 때까지 염전이 이어지는 연안을 따라갔다.**

---

\* 오늘날의 라스 엘 헤라트, 리비아 트리폴리텐에서 멀지 않다.
\*\* 노를 젓는 갤리선 노예는 보통 시간당 1리터의 물을 마신다. 배에 닷새 내지 엿새에 한 번씩 500바릴의 물을 채워야 한다.

급수하러 찾아간 물가에 복병이 기다리고 있었다. 마호메트 군이었는데, 그 무어 군대는 메카로 가는 길이었다. 아무튼 샘에는 골풀[수선화의 이종]이 가득했다. 그런데 무어인이 벌거벗고 물에 뛰어드니 골풀과 피부색이 같아 눈에 거의 띄지 않았다. 우리는 물통을 든 선원 스물일곱 명과 소총을 든 스페인 대원 열일곱 명이었다. 그렇게 물가로 가던 길에 무어인들이 우리를 덮쳤다. 선원들은 물통을 내던지고 도망쳤다. 병사들은 후퇴하면서 싸웠다. 나는 총소리를 듣고서 다른 스무 명을 이끌고 그들을 구하러 달려갔다. 우리가 달려오는 것을 알고서 무어인들은 이미 잡은 아군을 바닷가로 끌어갔다. 셋이 포로로 붙잡혔고, 다섯이 죽었다. 큰 손실이었다. 우리 대원은 무어인 둘을 붙잡았다. 한 명은 예순 살 먹은 노인이었고, 또 다른 한 명은 그보다 조금 나이가 적어 보였다.

우리는 휴전 깃발을 올리고 인질 협상을 벌였다. 나는 둘씩 맞바꾸고, 남은 한 사람은 몸값을 주겠다고 했다. 그들은 이 제안을 거절했다. 나는 별 수 없이 셋의 몸값을 치르고 내가 잡은 포로를 노예로 끌고 갈 수밖에 없었다. 게다가 이런 요구까지 들었다.

"물을 채운 물통을 돌려주면 무엇을 주려고?"

그래서 나는 이렇게 답했다.

"물 따위는 필요 없다. 기독교도가 중요하지."

사실, 대원보다 물이 더 간절했다. 물항아리가 두 개밖에 남지 않았기 때문이다. 그들이 물통을 돌려주지 않는다면 우리는 죽고 말 것이다. 나는 짐짓 농담하듯 이렇게 말했다.

"물 채운 통마다 얼마를 받으려고?"

"금화 1냥."

우리는 갖고 있는 돈이 없었고, 이제 항구를 떠나온 참이니 소득도 없었다.

"우리가 지금 금화 가진 것이 없다."

"그렇다면 비스킷을 내놓든가."

나는 비스킷을 둥근 방패에 가득 담아 각 하나씩 물통과 맞바꿨다. 그들의 셈은 정확했다.

이렇게 물통 스물여덟 개를 모두 회수했다. 그러고 나서, 나는 우리 기독교도를 그들과 교환하자고 다시 제안했다. 그들은 전혀 관심이 없었다. 그래서 나는 시신들을 모래밭에 묻고 십자가를 꽂아주었다. 그런데 날이 밝자 시체들이 모래밭에 흩어져 있었다. 놀라자빠질 일이었다. 처음엔 늑대들이 파헤친 것으로 알았다. 그것들을 보니 오싹했다. 코도 귀도 없고, 심장도 텅 비었다! 나는 대경실색하고 말았다.

나는 백기를 올리고 나서 그들이 다가왔을 때, 그들이 무슨 짓을 했는지 불평했다. 이에 그들은 이렇게 답했다.

"저들을 마호메트께 보내려고 했소. 그분의 은총에 보답하려는 것이었소."

분통이 터졌다.

"내가 잡은 포로들도 똑같이 해주마!"

그러자 답이라고 하는 말이,

"우리는 무어인 서른 명보다 금화 2냥이 더 좋거든."

그래서 그들이 보는 앞에서, 나는 포로들의 귀와 코를 베어 바닥에 팽개치며 소리쳤다.

"이것이나 갖고 꺼져!"

나는 포로의 등을 맞대게 한 채로 묶어 바다로 나가 그들이 지켜보는 가운데 물에 던지고 알렉산드리아로 향했다.

## 시리아 연안 항해

가던 길에 연안에서 아무것도 찾지 못한 나는 다미에트 시에 들렀다. 이집트 나일 강 하구의 도시인데 짐배를 만날까 싶어서였다. 그러나 아무것도 마주치지 못했다. 그래서 다시 200여 킬로미터를 달려 시리아 연안까지 건너갔다. 성도聖都 예루살렘 해안 38킬로미터 부근까지 접근했다. 그곳 자파 항으로 들어가 쪽배 몇 척을 붙잡았지만 선원들은 도망쳤다. 거기에서 다시 카스텔 펠레그린을 거쳐 하이파까지 진출했다. 이 항구의 한 높은 언덕에 바다에서 소총 사정거리쯤 떨어진 기도원이 있었다. 이집트로 피신하던 성모께서 잠시 쉬어갔던 곳이라고 한다. 나는 좀 더 앞으로 성 잔 다르크 항까지 나아갔다. 그곳에 배들이 있었다. 하지만 큰 것들이라 그냥 지나치고 베이루트로 갔다. 다시 베이루트에서 티르[수라스라고도 한다]로 건너갔다. 베이루트와 티르 두 도시는 터키 제국조차 무시하는 막강한 인물이 지배하고 있었다. 그를 '티르 태수'라고 부른다. 전에 그의 형제 중 한 사람이 몰타에 왔을 때, 큰 대접을 받고 우리 기사단 선물을 한보따리 안고 돌아간 적이 있었다. 몰타 함선이 그들의 항구에 들어갔을 때도 마찬가지로 환대하곤 했다. 기독교 군주들이 신성한 예루살렘 순례에 나설 때마다, 이 두 항구에서 대부분 기병인 3000명의 전사를 우군으로 동원할 수 있어 매우 유익했다. 나는 그들이 몰타에 왔을 때처

카르멜 산에서 내려다본 항도 하이파의 현재 모습.

레바논 티르 항의 고대 유적.

럼 티르 항에 입항했고, 수령이 나를 정중히 맞이했다. '태수'가 부재중이었기 때문이다. 수령은 내게 신선한 먹을거리를 내놓았다.

다시 출항했다. 시리아의 올드 트리폴리에서 먼 바다를 스쳐 지났다. 부두에 있던 갤리선 두 척이 눈치 채고 쫓아나오지 않도록 하려고 했기 때문이다. 우리는 그 맞은편 토르토사 섬*으로 갔다. 이 섬은 갈릴리 연안에서 가깝다. 작은 섬인데 평탄하고 연중 내내 꽃으로 덮여 있다. 성모와 성 요셉이 헤롯을 피해 이곳에 숨었다는 전설이 있다. 하지만 믿을 만한 이야기는 아니다. 그곳에서 우리는 배 바닥을 청소하고, 멧비둘기를 실컷 먹었다. 옛날 물구덩이 자리에 멧비둘기들이 둥지를 틀었기 때문이다.


## 토르토사 공략

나는 이 험한 해역을 항상 잘 지켰다. 선원들이 배 한 척이 다가온다고 알렸다. 터키의 '카라무살'이었다. 전투준비를 명하고 그 배가 섬으로 접근했을 때 바다로 나가 맞붙었다. 언제나 그렇듯 터키인은 훌륭하게 싸웠다. 하지만 그들은 열세 명이 사망했고 부상자를 포함해 스물여덟 명이 우리에게 붙잡혔다. 우리 측은 선원 넷과 병사 하나를 잃었다. 포로 중에 유대인 행상이 있었는데 화물 중에는 사이프러스의 고급 비누와 아마초가 있었다. 나는 우리의 다른 함선 대원을 모두 그 배로 옮겨 타게 하고

---

* 오늘날 시리아의 타르투스. 콘트레라스는 섬이라고 했는데 과거 토르토사는 항도였다. 그 앞 바다에 단 하나뿐인 아루아드 섬을 그렇게 부른 듯하다.

시리아 토르토사의 성모대성당.

서 몰타로 끌고 가도록 했다. 전함 두 척을 운용하기에는 인원이 턱없이 부족했기 때문이다. 그렇게 우리 배의 전력을 보강했다.

토르토사에서 알렉산드레타까지 연안을 따라갔다. 우리가 털었던 가게들이 있는 곳이다. 거기에서 다시 카라마니아[터키 아나톨리아 지역] 해안을 따라 로데스까지 갔다. 그 여로는 리센 엘 카베크, 에스콜로 브로벤살, 카발레로 곶, 에스타나무르 곶, 아달리아, 젠카 항, 베네치아 항, 실리도니아 곶, 훌륭한 요새가 있는 피니카 만, 카라콜 항, 엘 카카모, 카스티로호, 세트 곶, 아구아스 프리아스, 라마그라를 거쳐 로데스까지였다. 그곳에서 스카라판도 섬을 거쳐 큰 바다로 나가 크레테 섬으로 향했다.

큰 바다에서 돌풍을 맞았다. 이틀 밤낮을 밀려 레반트 제도 북쪽까지 밀려갔다. 그러면서 처음으로 얄리 섬에 닿았다. 성 코스마스와 성 다미안*의 유해를 발굴한 곳이라는 전설의 섬이다. 그곳에 사는 그리스 주민이 신선한 먹을거리를 팔았다. 식량을 싣고 나서 나는 나를 결혼시켜 눌러 앉히려던 스탐팔리아 섬으로 향했다. 내가 입항하자 모든 주민이 나와 반겼다. 그들은 내가 약속을 지키러왔다고 생각했다. 나는 상륙하기가 찜찜했다.

* 3세기 기독교 순교성자. 쌍둥이 형제. 주로 의술을 행해 사람들을 기독교도로 개종시켰다. 약사들의 수호신.

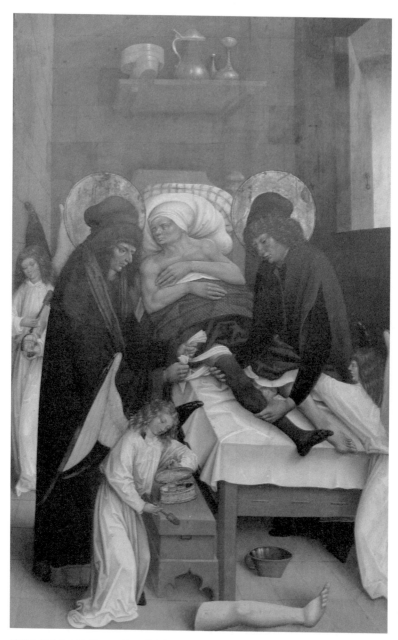

익명의 화가가 그린 성 코스마스, 다미안 형제. 16세기 독일. 슈투트가르트 미술관.

6장
# 사랑의 환멸과 짧은 귀향

　나는 몰타에서 예상대로 환영받았다. 내가 온다는 소식에 모두가 한 숨을 돌리고 또 나폴리와 로마에 더는 지원병을 청하지 않았으며 최소한 이탈리아 병사를 보내 달라고 요구하지 않았다. 시칠리아는 스페인 땅이 었기 때문이다.

　우리 선원 중 한 명은 불운했다. 그는 터키 지역에 들어갔다가 4개월도 안 되어 붙잡혔다. 터키 사람들은 그를 산 채로 가죽을 벗겨 그 가죽에 밀짚을 채운 뒤 로데스 성문에 내걸었다. 그는 로데스 출신의 그리스 사 람이었고 우리 선원들 가운데 바로 그가 이 고장에 제일 밝았다.

　이 무렵, 나는 가진 돈이나 탕진하고 있었다(얼마나 힘겹게 벌었는데!). 그 러던 중 내 여자가 동료 한 놈과 몰래 놀아난 것을 알게 되었다. 얼마나 잘 해주었는데! 나는 그놈을 단칼에 찔러 죽여버리려 했다. 놈은 얼마 뒤 회복되어 정말로 죽을까 겁을 먹고 몰타에서 도망쳤다. 여자도 목숨을 부지하려고 도망쳤다. 많은 남녀가 내게 몰려와 그녀를 돌아오게 해달라고 애걸복걸했지만, 나는 다시는 그녀를 돌아보지 않았다. 게다가 나를 중히 여기는 사람들이 많으니까 다른 여자를 고르면 그만이었다.

여러 날, 거의 몇 달을 몰타에서 빈둥거렸으니 기적이었다. 나는 전함에 올라 바르바리로 출항했다. 모두 9일이 걸린 작전이었다. 그곳에서 면직물을 실은 연안선* 한 척을 나포했다. 선상에서 거래하는 상선이나 다름없었고 노예도 열네 명이었다. 수확은 적지 않았다. 며칠 뒤, 카탈루냐 범선이 알렉산드리아에서 건너왔다. 스페인으로 갈 화려한 물건을 잔뜩 싣고 있었다. 그것을 보자 고향과 어머니 생각이 울컥 치밀었다. 편지 한 번 못 띄웠으니 내 소식을 까맣게 모르고 계실 것 아닌가. 나는 대장에게 휴가원을 냈다. 그는 마지못해 허락하고서 떠나는 내게 얼굴을 붉혔다.


## 스페인 귀향과 다시 만난 어머니


범선 성 요한 호에 올랐다. 엿새 만에 우리는 바르셀로나에 닿았다. 나는 그제야 궁을 바야돌리드로 옮긴 사실[천도]을 알게 되었다. 나는 마드리드에 들르지도 않고 바야돌리드로 직행했다. 지휘관들이 그곳에 모여 있다는 소식을 들었기 때문이다. 나는 국방위원회에 이력서를 제출했다.

---

* '가바르'라고 한다. 돛대가 셋 붙은 소형 화물선. 하천을 오르내리는 종류는 바닥이 편평하다.

'가바르'의 전형적인 모델.

카스티야이레온 지방의 성 요한 기사단장 돈 디에고 브로체로(?~1625)가
국방위원이었다.

그는 호의적이었으며 나에 대해 훤히 알고 있었다. 내게 새로 조직된
중대의 상사를 맡겠느냐고 물었다.*

"물론입니다!"

이렇게 답하고 그 이튿날, 다시 그를 찾아갔을 때, 그는 내게 돈 페드로
사라바 델 카스티요 중대장에게 충성을 맹세하고 깃발을 받으라고 했다.

이렇게 나의 새 직위 승인을 요청하는 서류로 그간의 활동에 대한 보
고서를 국방위원회에 제출했다. 이것으로 내 별것 아닌 국가에 대한 봉
사를 인정받을 수 있었다.

나는 북 두 채를 받았다. 휘하의 두 고수鼓手를 위한 것이었다. 멋진 깃
발도 받았다. 금고도 구입했다. 중대장이 내게 임명장을 주고, 에시하 시
[세비야와 코르도바 사이의 도시]와 플리에고 후작령 주둔권도 부여했다. 나
는 하사와 고수와 하인을 거느리고 노새를 타고서 마드리드로 향했다.
나흘 걸린 길이었다.

마침내 어머니 집 앞에서 들어섰다. 17년간 아무 소식이 없던 아들이
었다. 어머니는 놀라자빠졌고 특히 많은 노새에 놀랐다. 나는 어머니 앞
에 무릎을 꿇고 축원을 빌면서 이렇게 말했다.

"제가 어머니 아들 알론시오[알론소의 애칭]입니다."

가엾은 어머니는 기가 막힌다는 듯 완전히 입을 딱 벌리고 터무니없어

---

* 각 중대마다 중대장과 그의 직속부관급으로 상사 '알페레스'가 있었다. 이 상사는 중대 깃발
을 잡고 선도한다. 그 둘 사이에 소대장급의 장교를 둘 때도 있었다. 부사관은 하사 한 계급뿐
이다.

에시하 시 전경. 1572년의 판화.

했다. 재혼한 어머니는 군인이 되어 돌아온 맏아들이 자신을 좋지 않게 볼까 걱정했던 모양이다. 재혼이 무슨 죄라도 된다는 듯! 자식이 제아무리 많아도 나도 어엿한 아들이었다. 어머니를 안심시키고 여관으로 향했다. 집에 잘 만한 자리가 없었기 때문이다. 어머니와 새 아버지 두 사람이 살기에도 비좁았다.

다음 날에는 아주 멋지게 차려입었다. 병사들을 거느리고서 휘장을 높이 든 하인까지 대동한 채 어머니를 찾아가 새 아버지를 만났다. 양부는 그날 저녁을 함께 집에서 먹자고 했다. 그런데 집에 먹을 것이 있기나 했을까. 하느님 맙소사! 그래서 나는 식사에 필요한 것을 넉넉히 마련해드렸다. 어린 두 누이동생도 초대했다. 나는 가져온 장난감을 어린 동생들에게 선물하고 옷가지도 고루 나누어주었다. 가진 돈이 꽤 있었으니 그럴 수 있었다. 어머니에게는 30에스쿠도를 드렸다. 이 돈이면 부자라 여길 만했다. 그러면서 어머니께 축복을 빌어달라고 했다. 이튿날 나는 에시하로 떠났다. 어머니께 양부를 존경하라고 당부했다.


## 시골 도적 몇을 붙잡다

에시하에 도착했다. 마침 시청 사람들이 모여 있어서 나는 위임장을 내놓았다. 그러자 그들은 숙영하라며 팔마 망루를 내주었다. 나는 북을 두드리게 하고 통상적인 의식을 치렀다. 병사들도 쉽게 끌어모았다. 마을 관리[행정관보]와 신사들이 아낌없는 지원을 해주었기 때문이다.

부대에서 관례적으로 놀이를 즐겼다. 어린 고수가 패가 든 통을 맡았다. 그 통을 항아리 속에 집어넣고 밤에 그것을 부수고 거기에서 떨어져 나온 패에 따라 저녁 값을 치르는 놀이다. 어느 날 길가로 창살을 두른 망루 아래층 방에 있던 수비대에 옛날에도 들었던 도적들 넷이 들어왔다. 놈들은 돈 항아리를 깨고 조용히 그 속에 들어 있던 것을 세었다. 27레알 레였다. 그중 한 녀석이 자기 돈주머니에 돈을 집어넣으면서 어린 고수에 게 이런 말을 했다.

"상사에게 친구들이 돈이 필요해 가져갔다고 하거라!"

이에 어린 고수는 하사를 불렀지만, 그가 왔을 때 이미 도적들은 떠나 버렸다. 하사는 고수를 내게 보내 모든 것을 보고하도록 했다. 그 소리를 듣고 나는 이렇게 말했다.

"수비대로 가자. 거기에서 어찌 된 일인지 알아보자."

이렇게 내가 수비대로 들어서자 고수 아이는 말했다.

"나리, 이곳으로 아쿠냐, 아마도르와 그 패거리들이 들어왔습니다. 항 아리를 깨고 27레알레를 훔쳐 달아나면서 제게 상사님 친구들이 필요하 다며 가져갔다고 하라 했습니다."

"멍청한 놈! 아무튼 친구들이 돈을 가져갔다니 어쩌겠나? 이제부터 올 때마다 달라는 대로 주려무나."

이렇게 말하는 동안 내 앞에 같은 패거리 친구들이 많이 모여 있다가 수군대는 소리가 들렸다.

"아, 상사가 대체 어떤 사람이기에 이렇게 인심이 후해?"

나는 나 자신은 물론이고 나의 새로운 부대까지 욕보인 이 파렴치한 놈들을 어떻게 벌할까 고민했다. 곧 이미 갖고 있던 창 열두 자루 외에 화승총 네 정을 구입했다. 며칠 동안 놈들은 안심하고 멀쩡히 돌아다니다가 다시 수비대로 찾아왔다. 그때는 내게 이미 120여 명의 병사가 있었다. 100명을 플리에고 후작령에 주둔시키고, 나머지 나이 많은 스무 명을 내 곁에 붙여 두었다.

어느 날 놈들이 방심한 채 수비대로 진입했다. 나는 화승총을 장전하게 하고 대원들에게 나와 함께 안으로 들어가자고 말했다. 가장 듬직한 대원들을 택해 그들에게 허풍선이들이 대들고 저항하려 한다면 발포하라고 했다. 다른 대원들은 창을 들고 문을 지키도록 했다. 나는 사냥용 창을 들었다. 안으로 들어서기 무섭게 이렇게 외쳤다.

"너, 또 너, 또 너(여섯을 일일이 지목하면서), 이 도둑놈들, 무기를 내려놔!"

그들은 내 말을 농담 듣듯 하다가, 사태를 알아차리자 검을 빼려 했다. 이에 사수들이 들어와 불을 댕기면서 이렇게 말했다.

"꼼짝 마!"

결국 놈들은 무장을 해제했다. 우리는 놈들의 옷을 벗기고 개처럼 끌고서 돈 파비안 데 몬로이 행정관보에게 인계했다.

그는 놈들을 보자 좋아서 펄쩍 뛰면서 "이놈이 우리 집 경비견을 죽였고, 이놈은 하인을 죽였지"라고 했다. 놈들은 열나흘 동안 감옥에 처박혔다. 그뒤 주범 둘은 교수형에 처해졌다.

나는 외투와 목도리 등 옷가지와 멋진 조끼, 바지, 각반, 모자 또 수놓은 저고리 등을 챙겼다. 놈들이 지니고 있던 돈은 가난한 병사들과 나누었다. 27레알레는 써버리고 말았다.

## 코르도바 유곽 답사

얼마 뒤, 헌금하라는 핑계로 노략질하는 몇몇 병사가 농가와 시골을 돌아다녔다. 나는 화승총수 넷을 데리고 노새 위에 올라 그들을 찾아나 섰다. 그들이 코르도바에 있다는 소식을 접하고 그곳으로 갔다. 거기에 모리나가 지휘하는 중대가 있었다. 나는 라스 레하스 여관에 진을 치고 나서 혼자 사창가로 잠입했다. 그곳을 수색하려는 핑계로 그들을 찾아보 려고 했다.*

많은 여자와 이야기를 나눴다. 그러고 있을 때 신분을 알 수 없는 신사 가 하인을 이끌고 내게 다가와 이렇게 외쳤다.

"이 목도리[물소가죽 제품] 어디서 나셨나?"

"원래 걸치던 것일세."

"걷어치우시오."

"못 하겠는데!"

그러자 하인이 말했다.

"그러면 내가 벗겨주지."

그러더니 불쑥 달려들었다. 내가 검을 뽑아들자 그들도 재빠르게 반격 했지만, 내가 훨씬 빨랐으니 신사는 중상을 입었다. 그는 헌병대장이었다.

그러자 모든 여자는 문을 닫았고 바깥 대로로 통하는 골목 문도 닫아 버렸다. 나는 이렇게 골목 안에 처박힌 사창가에 처음 들어와 본 터라

---

* 당시 사창가는 일종의 선술집과 잡화점, 숙박을 겸하는 곳이었다. 아버지 어머니 노릇을 하는 포주 밑에 아가씨들이 있었다.

할 수 없이 길로 통하는 문까지 걸어나갔다. 하지만 빗장이 단단히 걸려 있었다. 어디서 열쇠를 찾을지 물어볼 사람조차 없어 막막했다. 모두들 다친 헌병대장과 하인을 대장이 잘 아는 집으로 데리고 가버렸던 모양이었다.

내가 골목에서 우왕좌왕하는 사이 길 쪽 문이 급히 열리는 소리가 들렸다. 젊은 건달이 뛰어들었다. 그가 어디에서 튀어나왔는지 알 수 없었다. 그 뒤로 행정관보가 엄청난 무리를 이끌고 재빠르게 따라 들어왔다. 나를 붙들려는 것이었다. 나는 검을 빼들고 외쳤다.

"점잖게 구는 게 좋을 걸!"

그렇지만 매우 많이 밀고 밀리며 떼거지로 몰려왔기 때문에 이런 말이 들릴 리 없었다. 그들은 계속 "저 놈 잡아!"라고 악을 썼다. 그러나 누구도 감히 덤비지는 못했다. 그렇게 된다면 불행한 사태가 벌어질 것이 뻔했다. 다행히 나를 아는 몰리나 대장이 행정관보와 함께 앞으로 나섰다. 그가 내게 말했다.

"점잖게 구시지, 상사!"

나는 그 말에 그를 알아보고서 이렇게 답했다.

"좋소, 하지만 이 사람들을 물리시오. 나는 방어를 했을 뿐이니."

행정관보는 내가 상사 호칭을 듣는 줄 알고서 어디에서 왔는지 몰리나에게 물었다. 몰리나는 말했다.

"에시하에서 부대를 일으켰지."

"그렇다면 무슨 권리로 저자가 이곳에서 법을 어겼단 말인가?"

그래서 나는 도둑을 찾아다니던 저간의 사정을 설명했고, 행정관보는 내게 에시하로 돌아가라고 했다. 나는 당장 반박했다. 병사 흉내를 내는 도둑들을 찾아야 한다고. 이에 그들도 모두 돌아갔다.

　나는 여관으로 돌아와 다시 출발 준비를 했다. 그때 병사 하나가 이렇게 말했다.

　"기사 두 분이 나리를 찾습니다."

　나는 밖으로 나와 이렇게 말했다.

　"무슨 일로 날 찾으시오."

　"나리가 상사요?"

　"그렇소, 그런데 왜 그러시오?"

　그러자 그중 하나가 수염을 어루만지며 이렇게 말했다.

　"나리처럼 선한 분을 만나게 되어 영광입니다. 우리는 선한 부인이 보내 이리 왔습니다. 그 남편이 불행히 그라나다에서 위증으로 교수형을 당했습니다. 그렇게 부인은 과부가 되어 이제 여유롭고 안정된 생활을 하고 있습니다. 부인께서 나리께 감탄하고 있던 터라 오늘 저녁을 대접하고 싶다고 간청하고 계십니다."

　그런데 그 말을 라틴어로 하고 있어 나는 몇 마디 알아듣기가 어려웠다. 그래서 이렇게 답했다.

　"어째서 그 부인이 내게 그런 과분한 청을 하시나 좀 자세히 알기나 합시다."

　그러자 그들 말이,

　"나리는 헌병대장을 쓰러뜨린 거물 아니십니까? 사실 그자야말로 코르도바에서 가장 악질적인 도둑놈 아닙니까?"

　결국 그 과부가 사창가 여자라는 것을 알게 되었다. 그래서 호의는 고맙지만, 나는 지휘관이 된 지 며칠 되지 않는데 어떻게 명예를 훼손하겠느냐고 했다. 나중에 때가 있지 않겠냐고도 했다. 그들을 돌려보내고 나서 말에 올랐다. 아침에 나는 에시하에 도착해 부대를 사열했다. 모두 들 별일 없이 올바르게 처신하고 있었다. 내가 거북해질만한 말썽도 일으 키지 않았다.


## 과부와 사귀나

그로부터 사흘 뒤, 한 병사가 내게 이런 말을 했다.

"나리, 태양 여관에서 어떤 여자가 찾고 있답니다. 외지 사람인데 인물 이 괜찮다고 합니다."

나는 젊은 혈기에 여관으로 가 여자를 만났다. 주인은 그녀를 방에 대 기시켜놓고 있었다. 여자의 미모가 상당했다. 나는 어디서 왔냐고 물었다.

"그라나다에서요. 남편을 두고 도망쳤지요. 나리께 보호를 청하려구 요. 누구에게도 들키지 않았어요."

이게 웬 떡인가 싶었다. 그녀를 집으로 데려가 숨겨주고 잘 대해주었 다. 나는 거의 사랑에 빠졌다. 어느 날 그녀가 내게 이런 말을 했다.

"나리께 비밀을 털어놓고 싶어도 감히 못하겠네요. 엄두가 안 나서요."

내가 채근하자, 문제삼지 않겠다는 걸 다짐받고 나서야 말을 꺼냈다.

"어느 날 코르도바에서 도적들을 무찌르던 나리의 용감한 모습을 보 고 나서, 직접 찾아나서기 어렵던 까닭에, 사내 몇을 보내 저녁 식사 초대 를 하지 않았겠어요. 그때는 저와 함께 살던 사내가 그라나다에서 교수 형을 당한 뒤 혼자 된 지 얼마 지나지 않았을 때였어요. 유명한 사내들이

집적댔지만, 나리 곁에서 잠을 자는 것만큼 편하고 듬직한 일이 어디 있을까 싶었어요.”

그러면서 안달루시아 지방 전체에서 자기가 가장 인기 있는 여자라면서 의심스럽다면 에시하 여관 주인의 말을 들어보라고 했다.

놀라운 이야기였다. 하지만 그녀를 좋아하는 만큼 나로서는 그녀의 말이 나쁘게 들리지도 않았다. 게다가 나를 직접 찾아와 애원할 만큼 깜찍하고 또 마음씨마저 곱지 않은가!

그리고 나서 얼마 뒤, 국방위원이 우리 부대 출정에 앞서 사열을 나왔다. 나는 플리에고 후작령에 주둔하는 병사들을 소집했다. 총원은 193명이었다. 우리는 에스트레마두라를 거쳐 리스본까지 가벼운 마음으로 행군했다.

나는 내 여자를 귀부인처럼 모셨다. 그녀가 사창가 출신인 줄 아무도 몰랐던 데다가, 흠모까지 받았다. 젊고 아름답고 어리석지도 않았으니까!

7장

# 끝없는 모험

　우리 중대장은 궁에 들렀다가 고향에 가 있었다. 그러다 그곳에서 부대가 행군한다는 소식을 듣고 다시 우리를 찾아왔다. 그는 렐레나*에서 우리와 합류했다. 그는 대원들을 보고 몹시 흐뭇해했다. 내가 병사들을 끌어모은 데 감격했다. 내가 그를 추켜세우면서 우리는 정말로 친구처럼 친해졌다.

* 스페인 중서부 포르투갈과 인접한 에스트레마두라 지방 도시.

## 호르나초스 무기고

포르투갈로 들어가지 말고 에스트레마두라로 행군하라는 명을 받고 우리는 이 마을 저 마을을 거쳐 부지런히 길을 서둘렀다. 그렇게 그 지방 남쪽 호르나초스 마을에 도착했다. 당시 교구사제만 빼놓고 기독교도가 없는 무어인 마을이었다.

그곳 가옥들에 숙영지를 정하고 보초를 세웠다. 그때 빌체스라는 병사가 찾아와 이런 말을 했다.

"상사님, 제가 보고드릴 일이 있습니다."

"뭔데?"

"제가 묵는 집에 먹을 것이 없습니다. 포도와 무화과뿐이랍니다. 닭이 있을까 집 안을 털어보다가, 어느 방에 들어가 보니 구석 마루에 뚜껑이 붙어 있지 않겠습니까. 헛간에 붙은 것처럼 둥글더라구요. 흔들어보니 움직여 들어올렸습니다. 그 밑은 깜깜했습니다. 그 속에 가금을 숨겼겠다 싶어 촛불을 들고 자루를 메고 내려갔습니다. 마침 사다리까지 있데요. 그런데, 아니! 밑에서 얼마나 놀랐는지 모릅니다! 둥근 광 안이 전부 하얀데, 마찬가지로 하얀 묘 셋이 벽을 채우고 있더군요. 무어인이 묻혀 있나 싶었지요. 함께 가보시겠는지요. 만약 묘라면 무어인이 거기 늘 함께 묻어두는 보물이 있을지 누가 알겠습니까."

"좋아, 가보세. 내 창을 가져오게."

그렇게 단 둘이 그곳으로 향했다.

우리는 그 집으로 들어가 다짜고짜 촛불을 가져오라고 했다. 안주인은 사내들이 집에 들어닥치자 잔뜩 겁을 먹고 불을 붙여 가져왔다. 주인은

호르나초스 마을의 오늘날 모습.

없었다. 우리는 곧 헛간으로 내려갔다. 유골을 보니 병사였다. 창끝으로 파보기 시작했다. 일순간에 석회 밑의 판자가 떨어져나왔다. 커다란 목관이었다. 그 겉은 석회를 입혔고 분명 묘였다. 그런데 화승총과 총알을 담은 자루가 가득했다! 흐뭇하기도 하고 마음도 놓였다. 이 무기로 부대를 무장한다면 어딜 가나 무시받지 않을 테니까. 사실 그동안 우리는 단검뿐이고, 그나마도 없는 병사들이 있었으니 어디서나 존경받지 못했다.

나머지 묘도 모두 파헤쳤는데 먼저 것과 다름없었다. 병사에게 일렀다.

"헌병대에 보고할 때까지 여기를 지키고 있게."

나는 즉시 헌병대장에게 달려가 모든 것을 알렸다. 그는 검사와 서기를 데리고 나와 함께 현장을 찾았다. 그는 묘를 보고 나서 이렇게 말했다.

"귀관들이 국왕께 큰 봉사를 했네. 숙소로 돌아가 우선 이 일을 함구하도록 하세. 매우 중요한 사안이니."

그러면서 똑같은 말을 그곳을 지키던 병사에게 되풀이했다.

숙소로 돌아오자 병사가 말했다.

"나리, 이 저녁까지 아무것도 못 먹었습니다."

나는 8레알레를 쥐어주었다. 주막에 가서 먹으라고 했더니 그는 부활절 잔치 때만큼이나 좋아했다. 나는 직속상관인 중대장에게도 모든 사실을 보고할까 하다가 말았다. 헌병대장이 명한 대로 비밀을 지켜야 했고 또 중대장과 사이도 좋지 않았다. 그가 내 여자를 호시탐탐 추근거렸기 때문이다.

이튿날 이른 아침 중대장이 전갈을 보내왔다. 출동하라고. 놀랄 일이었다. 아직 사흘을 더 머물 예정이었기 때문이다. 그렇지만 명령을 따르고 의무를 다할 수밖에. 떠나자! 내가 떠날 때, 국방위원이 이렇게 말했다.

"하느님이 지켜주실 것이네! 아무튼 그자들이 방어용이든 공격용이든 무기를 잡을 국왕의 허가를 받았으니, 무슨 몹쓸 일이 생길 지 어찌 알겠나. 그래도 그 일은 잊어버리세. 한마디도 않기로 하세."

우리는 팔로마스에서 이틀을 묵었다. 그뒤, 구아레냐로 건너갔다. 그곳에서 병사들이 마을 사람들과 한바탕 격전을 치렀다. 양측에서 세 명의 사망자, 부상자가 나왔다. 싸우던 중에 병사들이 외쳤다.

"하느님의 보험일세! 호르나초스에서 무기를 챙겼어야지!"

그곳을 지키던 병사가 이미 동지들에게 모든 사실을 떠벌렸고 나도 그 이야기를 네댓 차례나 반복했으니까.

싸움을 그치고 나서 며칠 뒤 헌병대장이 마을 사람들을 처벌하러 그곳을 찾아왔을 때 우리는 다시 길을 나섰다. 그 헌병대장은 현역장교였다. 그를 존중해 이름을 대지 않겠지만 나중에 이 무기로 가득한 묘 때문에 무슨 소동이 벌어지는지 알게 될 것이다. 아무튼 적당한 때에 다시 이야기하기로 하자.


## 직속상관이 이사벨라를 겁탈하려 들다

중대장은 내가 데려간 여자와 즐기고 싶어했다. 그렇지만 그가 제 아무리 강력하게 유혹하려 했다 한들 어림없는 일이었다. 그녀는 과거 못된 짓을 했을지언정 이제는 바르게 처신했다. 우리는 알멘드랄레호* 마을에

---

* 에스트레마두라 지방의 소읍. 남쪽 세비야로 통하는 길목에 있다. 여러 시인을 배출해서 '낭만주의 마을'로도 통한다.

도착했다. 부대에 진을 치게 하고 나서, 거의 밤이 다 되었기에 저녁을 먹고 임신 3개월이 되어 몸이 무거운 여자를 잠자리에 들게 했다. 그때 중대장이 나를 찾더니 이런 말을 했다.

"이보게, 병사 여덟을 데리고 알랑헤 가는 길목에 매복을 서게나. 병사 넷이 이 밤에 탈영하기로 했다는 확실한 첩보를 입수했다네."

나는 그 말을 믿고서 말안장을 얹고 여자를 잠자리에 내버려둔 채 야간 작전에 나섰다.

내가 떠났다는 사실을 알고 나서 그 즉시 중대장은 내 숙소로 찾아가 이사벨라 데 로하스[여인의 이름]를 만나려 했고, 당연지사 여자와 즐기려 덤볐다. 여자는 완강히 저항하다 못해 소리를 지르고 말았다. 중대장은 내 방에 있던 '말레'라는, 내가 즐기던 놀이용 망치를 휘둘러 그녀의 입을 막으려 했다. 오죽했으면 보초와 숙소로 내준 집의 주인이 그를 뜯어 말리려 달려들었을까. 결국 그녀는 피를 쏟고 몇 시간 만에 유산했다.

나는 태평하게 산골에서 도망자를 기다렸다. 동이 트기 두 시간 전 부하들에게 말했다.

"돌아가자. 대장이 내게 농담을 했다손 치더라도 이만하면 되었지. 만약 그놈들이 도망치려 했다면 초저녁 때 그랬을 테니."

나는 이렇게 숙소로 돌아왔다. 방에 들어서자 이사벨라가 흐느끼고 있었다. 나는 무슨 일인지 물었고 그녀는 지난밤 나귀 등에서 떨어져 피를 쏟고 유산하고 말았다고 했다. 나는 여러 병사들이 수군대는 소리가 들려 의심을 품었다. 이실직고하라고 이사벨라에게 성화했지만 허사였다. 밖으로 나온 나는 믿을만한 병사를 불러 무슨 일인지 물었다.

"나리, 엄청난 짓거리가 벌어졌습니다. 어떻게 참겠습니까. 대장이 여기 와서 이사벨라를 그 지경으로 만들었습니다. 좋은 여자 아닙니까. 하느님께 맹세코! 나도 동지들도 더는 내일 이 시간이면 부대에 남아 있지 않을 것입니다. 우리가 그 대장이란 사람을 어찌 압니까. 우리는 나리를 보고 따라나섰지요."

"진정하게! 대장이 무슨 일을 벌였다면, 이사벨라가 빌미를 준 게지."

"아닙니다. 맹세코 절대 아니에요. 그가 한사코 저항하는 그녀를 해쳤습니다."


### 부상당한 중대장


나는 조랑말에게 먹이를 주게 하고 외투에 약간의 돈과 증명서를 챙겼다. 그런 뒤 중대장 숙소로 달려갔다. 이미 날이 밝아 있었다. 문을 두드리자, 클라우디오라는 플랑드르 하인이 대장님이 주무신다며 깨울 수 없다고 했다.

"마드리드에서 전갈이 왔다."

내가 일갈했다. 그가 이 사실을 자기 주인에게 알리자 그는 "기다리라고 해!"라고 하더니, 반쯤 옷을 걸치고서 들어오라고 했다. 나는 안으로 들어가 검을 뽑아들고 이렇게 말했다.

"네가 그런 짓을 할 만큼 더러운 기사였다면서! 어디 뒈져봐."

그는 검과 창을 잡으려 했다. 하지만 나는 넘치는 의분을 참지 못하고 그의 가슴을 단칼에 찔렀다. 그는 바닥에 나뒹굴면서 "아이고, 저놈이 날 죽이네!"라고 외쳤다.

하인이 도움을 청하려 소리치며 내달렸다. 어림없었다. 밖으로 나오면서 나는 그의 머리가죽을 베었다. 그러고 나서 나귀를 타고 카세레스 쪽으로 향했다.

그곳에 내 친구들이 있었기 때문이다. 성 요한 기사단 기사들이다. 나는 친구들에게 사건을 털어놓았다. 그들은 급히 기사단 행정관께 보고했다. 그러나 행정관은 내게 불리한 정보를 수집했고 상관을 숙소에서 살해했다는 죄목으로 목을 매달 것이라 엄포를 놓았다. 군대에서 상급자를 존중하지 않는다는 것은 최악의 범죄 아니겠는가. 그는 이 조사 내용을 마드리드에 보고했다. 그렇지만 상관에게 불복했다는 점만 제외하면 전체적으로 내게 유리했다. 중대장은 회복되었지만 여전히 목숨이 위협받을지 모른다고 했다. 나는 돈 디에고 브로체로에게 서한을 올렸다. 그는 내게 법정에 출두하라며 자신이 사태를 수습하겠노라고 했다. 기사들도 권고하기에 나는 그 명을 따랐다.

몸을 추스른 여자에게, 알멘드랄레호 당국은 바다호스로 가서 살도록 조치했다. 그 사이 오랫동안 내 소식을 전혀 모르던 여자는 그 "어머니, 아버지" 집에서 새로 영업을 시작했다.

한편, 나는 마드리드의 돈 디에고 브로케로 댁으로 찾아갔다. 그는 국방위원회에서 정보를 입수했고 또 내게 유리한 입장을 취할 모든 위원들을 찾아냈다. 그는 나를 일단 시립교도소에 들어가 그곳에서 위원회에 보고서를 올리라고 했다. 이렇게 나는 위원회의 명에 따른 수인 신세가 되어 정보를 검토해달라고 간청하면서, 내가 상관에게 저지른 일은 국왕 폐하에 대한 충성에 어긋나지 않는 것이었다고 주장했다. 내가 자진해서

감옥에 들어가 보고서를 작성한 점이 크게 참작되었다. 나는 돈 크리스
토발 데 모라에게 급송문건을 전달하라는 명을 받았다. 그는 포르투갈
부왕副王 겸 총사령관이었다. 그 전문이 무엇인지 알 수 없었고, 또 돈 디
에고 브로체로가 내가 귀한 소식을 전하게 되어 만족할 것이라고 했지만
아무튼, 꽤 걱정스레 떠나게 되었다.

에스트레마두라 지역에 부대들이 여전히 주둔하고 있었다. 나는 전에
늘렀던 여러 지역으로 지나가면서 사람들의 환대를 받았다. 예전에 그곳
사람들에게 나쁜 짓을 저지르지 않고 항상 잘하려고 애썼기 때문이다.
알멘드랄레호에서 만난 관리들도 나를 환대했다. 나는 내가 국왕칙서를
갖고 있다고 말했다. 어쨌든 이사벨라의 소식을 묻지 않을 수 없었다. 그
들은 그녀를 바다호스로 보냈다는 사실을 알려주었다. 그녀가 몸을 추스
르고 나서 그곳으로 가길 원했다면서. 관리들도 그녀의 사건에 유감을 표
했다. 그 사건이 터지고 나서, 병사들도 절반으로 줄었다고 했다. 그들이
빈털터리가 되었기 때문이고 또 그때부터 159명도 넘던 병사가 20명밖에
남지 않았다는 소식을 들었다고도 했다. 사실, 부대는 고작 열네 명과 어
린 고수 하나로 리스본으로 들어갔다.

관리들과 헤어진 나는 바다호스로 발길을 돌렸다. 사랑이 전혀 식지
않았기 때문이다. 이사벨라는 다시 유곽으로 돌아갔다. 그녀가 거기 살
고 있는 모습을 보았다. 내가 들어오는 것을 보자, 그녀는 벌떡 일어나더
니 문을 닫아걸면서 이렇게 말했다.

"아! 사랑하는 나리, 제발 뭐라고 한마디만 해주세요!"

그러면서 아버지 집으로 데려가더니 울기 시작했다. 나는 이렇게 말했다.

"울긴 왜 울어?"

"나리를 보니 좋아서요. 여기서 살고 있지만 나리와 헤어진 뒤로 어떤 사내와도 안 잤어요."

그녀의 어머니가 두둔하고 나섰다.

"아이고 내가 증인 아니오! 여기에서 이사벨라를 달라고 아첨하는 기사가 넷이나 있다오. 그래도 얘를 달래지 못했지. 하기야 당신처럼 젊은 남자를 바라보는 이사벨라가 옳지."

나는 그녀의 어머니 손에 입을 맞추며 고마움을 표했다. 그리고 이사벨과 우리의 문제를 이야기했다. 그녀 말은 이랬다.

"내게 600레알레와 좋은 사냥개들이 있어요. 우리가 어쩌면 좋겠어요?"

"리스본으로 가자구."

우리는 그렇게 뜻을 맞췄다.

그날 밤 그녀와 함께 저녁을 먹고 여관에 가서 보냈다. 그녀를 노리던 어떤 친구도 그 밤을 성가시게 하지 않았다. 그들은 내가 스페인에서 가장 거물 기둥서방이라면서 행정관보를 여관으로 보냈다. 그는 요컨대, 우리가 깊이 잠든 틈을 타 들이닥쳤다. 인간이란 알몸일 때와 옷을 걸쳤을 때 영판 딴사람으로 보이게 마련이듯, 그는 나를 뚜쟁이 기둥서방 취급을 하면서 감옥으로 끌고 가려고 했다. 그러자면 내가 옷을 걸쳐야 했다. 그래서 나는 이렇게 말했다.

"관리 나리, 나리께서 사람을 몰라보시는구려. 알아볼 때까지 모욕하지 맙시다!"

그렇게 나는 그에게 내가(그는 알멘드랄레호 사건으로 나를 이미 알고 있었다) 누구인지 밝히고, 여자는 대장이 사고를 친 주인공이며, 위원회의 칙서를 갖고 있다며 내밀었다. 그는 이 말에 나를 알아보고 무척 좋아하면서 용서를 구했다. 사람들이 나를 스페인에서 제일가는 기둥서방이라고 했다면서. 그는 나더러 여관으로 다시 들어가지 말고 서둘러 리스본으로 떠나라고 했다. 그러면서 내게 필요한 게 없느냐며 호의를 보였다. 나는 감사하다고만 했다. 그렇게 그가 떠나고 나는 다시 잠을 청했다.

이 도시에서 이틀을 묵었다. 이곳 사람들은 이사벨라를 사창가로 돌려 보내지 않는 나를 투우사 보듯 했다. 그녀의 아버지는 이사벨라가 묵는 여관으로 사냥개들을 데려다주며 인연이 끊어지는 것을 섭섭해했다.

우리는 즐겁게 리스본으로 향했다. 부대가 도착하기까지 20일을 그곳 에서 지냈다. 그러자 부대가 다른 네 부대와 함께 도착했다. 그들은 알칸 타라 강을 따라 내려왔다. 그들이 하선하기에 앞서, 나는 전문을 돈 크리 스토발 데 모라 총사령관 각하께 전했다. 그는 정중하게 받고 고맙다며 이렇게 말했다.

"부대가 도착할 나루터까지 내려가 그들과 함께 시내로 행진하게."

그러면서 총사령관은 부관으로 하여금 중대장에게 명령을 하달하라고 했다. 중대장은 그것을 받고서 자신이 총사령관에게 직접 항의하겠다고 반발했다. 그를 찾아온 중대장에게 총사령관은 이렇게 말했다.

"참을성을 보이게. 국왕폐하께서 그리하라 하셨네. 상사는 더는 자네 와 같은 소속이 아닐세."

우리는 알칸타라에서 실은 부대 깃발을 내리고 성으로 행진했다. 그곳 에서 나는 내 부대를 새롭게 꾸리고 중대장과 헤어지게 되었다.

## 이탈리아로 돌아가다

돈 크리스토발 데 모라 총사령관은 내게 궁궐로 들어가 지낼 한 달 유급 휴가를 내줬다. 그렇게 하느님의 가호로 나는 바야돌리드로 건너갔다. 그곳에서 특별 수당으로 8에스쿠도를 받았다. 시칠리아까지 갈 노자였다. 시칠리아에는 혼자 갔고 이사벨라는 바야돌리드까지만 동행했다. 그녀는 그곳에서 오랫동안 자기 일을 하다 죽었다. 하느님께서 그녀의 죄를 사하셨으리! 나는 마드리드로 가서 어머니를 뵙고 축원해달라 빌었다. 그러고 나서 바르셀로나로 향했다. 바르셀로나에서 직물을 실은 배를 타고 열흘 뒤 팔레르모 항에 내렸다.

1604년 당시 페리아 공작*이 그 왕국을 다스리고 있었다. 나는 알론소 산체스 데 피구에로아가 지휘하는 중대에 배속되었다.

공작은 상용 범선 몇 척을 두고 싶어했다. 그는 내가 바다에 익숙했던 전력을 알고서 지휘권을 주겠다 했고 나는 이를 수락했다. 나는 레반트로 향했고 그곳에서 이 세상의 갖은 재화를 실은 터키 중형 범선 한 척을 붙잡았다. 알렉산드리아에서 화물을 선적했던 배다. 또 그곳에서 3년째 노략질을 일삼던 영국 범선 한 척도 나포했다. 이 배에 흥미로운 것이 잔뜩 실려 있었다. 이 항해에서는 레반트에서 늘 했던 것과 같은 일을 되풀이 했으므로 더는 이야기해봐야 여러분이 지겨울 것이다. 아무튼, 나는 그때 얻은 소득으로 말 몇 필을 구입했고 그래도 돈이 남았다!

나는 이제 공작의 장남 비알라 후작의 부대로 들어갔다.

---

* 시칠리아 부왕. 돈 로렌초 수아레스 데 피구에로아 이 코르도바, 1607년 사망.

8장

# 처절했던 함마메트 공략

　우리는 시칠리아와 몰타의 갤리선단으로 바르바리 원정을 준비했다. 시칠리아 여섯 척, 몰타 네 척이다. 아델란타도 데 카스티야가 이 대함대 사령관으로 승선했다. 그는 이 원정에서 목숨을 잃었다.

　우리는 갤리선 열 척을 몰고 바르바리로 출항했다. 우리가 탄 시칠리아 함선은 사령관이 직접 올라 지휘했다. 중무장한 전함은 무겁다며 메시나 항에 놓아두고 더욱 빠른 범선을 택한 것이다. 그렇게 우리는 바르바리 내륙에서 13킬로미터 떨어진 한 섬에 당도했다. 젬브라 섬[튀니지 만의 작은 바위섬]을 본영으로 삼은 우리는 함마메트 항구 전방에 상륙하기로 했다. 그 항도는 우리가 몰타 갤리선으로 몇 해 전에도 점령했던 곳이다.

지중해에서 바라본 튀니지 만의 젬브라 섬.

## 구사일생으로 살아나다

1605년의 8월 15일 성모승천일 전야에, 시 외곽 10킬로미터까지 접근한 우리는 새벽에 대원들을 상륙시켰다. 시까지 이어지는 모래밭으로 걸어 들어갈 수 있기 때문이다. 날이 밝아왔을 때였다. 나는 사다리 공격대에 속한 일곱 명의 상사 중 하나였다. 우리 중대원은 모두 스페인 출신으로 500명이었다. 화승총과 투창으로 무장했지만 갑옷을 입지는 못했다. 우리는 스페인 사람과 몰타 기사단답게 용감하게 사다리를 성벽에 붙이고 재빨리 타고 기어올랐다. 떨어지기도 하고 올라가기도 하면서. 어쨌든 성벽을 장악한 우리는 반월형 보루를 지키던 자들의 목을 베었다. 그곳 보루 수비대는 예니세리 보병대였다.*

성문이 열렸다. 밖에 남은 700명의 중대원을 제외하고 나머지 모두가 성 안으로 들어갔다. 통로가 너무 비좁아 완전히 밀고 밀리는 판국이었다. 그 폭은 채 3미터가 되지 않았다. 무어인 남녀를 붙잡았는데 주민들이 헛간에 숨어버려 몇 안 되었다. 집집마다 숨을 만한 헛간이 있었다.

이 지역에 밀이 있었다. 아델란타도 사령관은 상륙해 지휘하려고 했다. 성 밖에는 물레방아가 붙은 텃밭이 꽤 되었다. 말을 타거나 맨발로 밭일을 하는 사람들이 보였다. 말을 탄 자는 열댓 명쯤이었고, 맨발의 일꾼은 100여 명쯤이었다. 우리 부대원들은 그들을 건드리지 않았다.

사다리를 벽에 그냥 기댄 채 놔두었다. 이것은 큰 실수였다. 일순간 집합 나팔이 울렸다. 누구 지시인지 알 수 없었다. 이에 각자 어깨에 노획

---

* 이슬람으로 개종한 기독교 고아들로 구성된 성문 수비대. 오토만 제국의 정예부대.

물을 둘러메고 퇴각 명령이 떨어진 줄 알고 갤리선으로 돌아가기 시작했다. 배는 해변에 바짝 다가와 있어 포의 사정거리 안에 있었다.

대원들은 별다른 지시도 없이 이렇게 승선을 시작했다. 아델란타도는 이런 사실을 알고서 "누가 명령을 내렸어?"라고 했다. 알 수 없는 노릇이었다. 막을 방법도 없이 대원들은 계속 철수를 시작했고, 성 밖에 있던 몰타 부대도 따라했다. 모두 각자 누가 명령한지 모른 채 바다 쪽으로 달렸다. 아무도 쫓아오지 않았는데. 그렇게 거의 1200명의 대원이 물가에 몰렸다.

한편 밭에서 일하던 무어인들이 다른 쪽 성문이 열려 있는 줄도 모르고 성문 사방에 걸쳐 있던 사다리에 기어오르기 시작했다. 그러자 헛간에 숨어 있던 자들이 밖으로 나와 성벽 위로 올라가더니 포를 우리 쪽으로 돌렸다. 우리가 미처 해체하지도 잠가두지도 않은 그들의 포였다. 그러나 이것이 하느님 뜻이라면, 우리가 어떻게 목숨을 부지할 수 있을까? 그날 우리는 큰 손실을 입었다.

당황하며 큰 소동을 치르는 가운데 바람마저 우리를 버렸다. 바다 쪽에서 불어왔기 때문이다. 맨발의 농사꾼들과 텃밭에 있던 기병들이 해변의 아군을 향해 돌진해 믿기 어려운 대학살을 벌였다. 우리는 저항 한 번 못했다. 앞에서 말한 거의 모든 병사가 창과 곤봉과 언월도로 무장한 100명도 안 될 무어인에게 화승총도 없이 당했다. 천벌이 내리지 않고서야 어떻게 이런 기적이 벌어질 수 있을까!

바닷가에 있던 우리는 물로 뛰어들기도 하고 뭍으로 도망치기도 했는데, 그때 해안의 작은 쪽배에 서른 명쯤 올라타는 모습이 보였다. 이 쪽배가 안전하리라 생각했던 모양이다. 그러나 모래펄에 박혀 있는 줄도,

그 숫자로는 무거워 배가 뜨지도 못하는 줄도, 아무것도 몰랐으니! 사람이 타지 않았더라도 떠오르기 어려울 텐데. 헤엄칠 줄 모르는 대원은 빠져 죽을 수밖에 없었다. 나는 입은 옷 그대로 바다로 뛰어들었는데, 물이 허리춤을 넘어 차올랐다. 나는 갤리선에서 빌려준 쇠사슬갑옷을 입고 있었다. 50에스쿠도 값이 나가는 것이다. 전투에 나설 때 시칠리아에서는 이것을 입는다. 그런데 젠장! 이 갑옷 무게가 9킬로그램이다. 그것을 벗어던졌다면 물고기처럼 헤엄쳐 갤리선까지 기를 쓰고 수영할 수도 있었으리라. 아무튼 제정신이 아니었다. 그래서 나는 한 명도 살아남지 못한 쪽배에 타고 있던 대원들의 잘린 목이 여섯 개나 옆에서 떠다니는 것조차 모를 지경이었다. 바다에 뛰어들어 그 머리들을 집어던지고 나서 놈들은 모래펄에서 쪽배를 끌어내어 물속에서 허우적대던 대원들을 모두 도륙하고 있었다. 살아 있는 대원 단 하나도 뭍으로 끌어내려 하지 않았다. 그러는 중에도 포와 소총을 끊임없이 쏘아댔다. 우리는 엄청난 손실을 입었다.

갤리선에서는 물에 빠진 대원들을 구출하기 위해 쪽배에 오를 선원들을 뽑고 있었다. 하지만 누구도 나서질 못했다. 밖에는 돌풍이 몰아치는 데다가, 모래펄에 처박혀 죽을까 겁을 냈기 때문이다. 선원들의 우두머리는 쇠사슬갑옷 제조장이었다. 그는 금테 두른 보라색 모자와 또 같은 빛깔의 투구를 쓴 나를 알아보고서 이렇게 소리쳤다.

"물속으로 뛰어들어요. 조금만 더 가까이 오면 되요. 우리가 건질 테니!"

나는 옷을 벗어던지지 않았다. 얼마나 멍청했던가! 두 걸음쯤 헤엄치다 보면 금세 원위치로 물속으로 잠겼다. 등쪽의 갑옷 무게에다 거대한 돌풍마저 휘몰아쳤으니. 갤리선 선원은 갑옷을 분실하지 않으려고, 내 등짝 위쪽을 한 손으로 움켜쥐고서 쪽배로 끌어올렸다. 그러기까지 마신 물도 엄청나 한 통은 되었을 것이다. 반쯤 익사 상태인 또 다른 딱한 병사는 쪽배에 매달려 개구리처럼 꿀렁대다가 조류에 밀려 뭍으로 끌려갔다. 놈들은 그를 떼어놓으려고 손을 잘랐다. 그는 익사했다. 엄청나게 비통했지만 쪽배를 구하지 못했으니 속수무책이었다. 선원들은 나를 갤리선으로 끌어올렸다. 갑판에서 나는 거꾸로 물구나무 선 꼬락서니로 마신 물을 토했다.


## 아델란타도가 함마메트에서 사망하다


이런 참사를 보면서 아델란타도는 친구 보병대장에게 맡겨두었던 팔루카[소형 삼각돛이 달린 소형 목선]로 돌아가려고 했다. 그런데 이 보병대장은 대혼란과 돌풍에 겁을 먹고 갤리선으로 피신했다. 아델란타도가 친구의 이름과 "이보게 내 친구야"라고까지 하면서 악을 쓰며 불러댔지만…….그 친구 이름을 뺑끗하고 싶지도 않다. 파렴치한 자니까. 결국 사령관은 바다로 도망치다가 물에 빠져 죽었다. 보트로 그를 건져냈지만 이미 때는 늦었고 익사한 뒤였다.

우리는 그를 시칠리아 함대 사령함으로 옮겼다. 더러운 양탄자에 눕힌 사령관의 시신을 보았다. 살아 있을 때처럼 옷을 입히자 그는 인형처럼 아무런 상처도 없이 시커먼 얼굴이었다. 이런 모습을 보니 상관이든 가난한 병사든 뭐가 다르랴, 다 한가지라는 생각만 들었다. 그가 장군이었지만, 그렇다고 이런 악운을 피하지는 못했다. 비록 소수였지만 다른 사람들은

소형목선 팔루카.

목숨을 건졌다. 왜냐하면 시칠리아 연대 병력 모두가 배에 타고 있었고, 72명 정도만 뭍에 있었기 때문이다. 선상에는 800명이나 있었다. 몰타의 갤리선단 네 척도 상당한 병력 손실을 입었지만 그 수는 알 수 없었다.

그렇게 아델란타도를 보았다. 내 갤리선에서, 중대 부사관 하나와 병사 여섯 명만 건너왔다. 갤리선장은 내게 더 살아남은 병사들이 있는지 다른 곳도 찾아보라고 했다. 하지만 없었다. 나는 긴 보트를 탔다. 아델란타도와 여러 사람이 죽고 나서 하느님의 분이 풀린 듯했기 때문이다. 바다는 그렇게 우유빛 같았다. 점령했다가 잃고 또 돌풍에 휘말리는 이 모든 일이 단 세 시간 동안 벌어졌다. 기함으로 돌아와 보니 상사 혼자뿐이었다. 모두들 다시는 돌아오지 못할 길로 가버렸기 때문이다.

내 갤리선으로 돌아갔다. 출항 준비중이었다. 그 잠깐 사이에 대참사가 언제 있었냐는 듯 갯펄은 완전히 다른 모습이었다. 무어인은 기독교도를 생포하려 들지 않았다. 모두 죽였다. 스페인 술항아리처럼 이곳의 커다란 토속 항아리에 숨었던 자들만 살아남았다. 성벽 틈의 비밀문 옆에 놓여 있던 그 속으로 들어간 자는 아무튼 서른 명이 채 안된다.

칼라트라바 기사단* 소속의 우리 기사 안드레스 데 실바라는 생포되었다. 무어인들은 기사를 서로 차지하려고 다투었다. 그러더니 산 채로 몸을 두 동강이로 갈라 절반씩 나누어가졌다! 그 소식에 우리는 아연실색하고 깊은 슬픔에 젖었다. 그들은 다른 사망자들의 머리를 자르고 시신을 불살랐다. 생포된 자들에게 시신의 머리들을 꿰어 (목걸이처럼) 걸게 하고 손에는 창에 또 다른 머리를 꽂아 들게 하고서 튀니지로 개선하는

---

* 스페인의 가장 유서 깊은 기사단. 1164년부터 공식적으로 활동했다.

행렬에 내세웠다. 이런 것이 이 불행한 작전의 끝이었다.

시칠리아로 돌아가던 길에 우군의 몰타 갤리선단은 근처의 몰타로 뱃머리를 돌려 우리와 헤어졌다. 우리는 팔레르모로 들어갔다. 마스트 꼭대기에 조기弔旗를 걸고 8월이라 [갑판에] 천막을 치고, 민망한 대열로 부두로 들어섰다. 사람들이 쪽배를 타고 우리에게 남편과 아들과 동료 친구의 소식을 물으러 구름처럼 몰려들었다. 그러나 답은 고작

"죽었습니다."

이 사실밖에 밝힐 것이 없었다. 여자들의 통곡에 갤리선 노예들마저 울어버렸다. 아델란타도의 시신은 횃불 행렬의 호위를 받으며 성당으로 들어갔다. 그곳에 스페인으로 운구하기 전까지 안치해두었다. 또 팔루카를 타고 내뺀 아델란타도 사령관의 죽음을 초래한 선장의 죄를 묻는 재판이 열렸다. 피고의 친형인 팔레르모의 고관은 치욕적인 사형선고를 받게 된 동생에게 어느 날 밤 몰래 독약을 건넸다. 이튿날 아침, 그는 포도주 담은 가죽부대처럼 부푼 시신으로 발견되었다. 앞서 말했듯이 그는 이름을 굳이 대지 않아도 될 만큼 유명했다.


## 마드리드 출신 과부와 결혼하다

우리 부대는 전선에서 후방으로 근무지를 변경했다. 그렇게 나는 팔레르모에서 6.5킬로미터 떨어진 몽레알레에 정착했다. 나는 빵집에 하숙을 정했고, 주인의 암말을 빌려 타고 껄떡거리며 매일 팔레르모까지 보고하러 왕래했다.

시칠리아, 몽레알레의 대성당.

당시 나는 핸섬한 청년이라 주위의 선망을 받았다. 내가 드나드는 마을 진입로에 마드리드 출신의 배석판사의 정실이던 스페인 과부가 살고 있었다. 그녀는 아름다웠다. 가난하지도 않았다. 내가 그 길을 지날 때마다 창가에 서 있는 그녀를 보았다. 마치 내게 미소를 짓는 듯했다. 그녀가 누군지 알고 있던 나는 쪽지를 보냈다.

"나도 마드리드에서 왔소. 무슨 일이든 부인께 도움이 된다면 그리 하리다. 그래야 한다고 느끼고 있소, 같은 고향 사람 아니오."

그녀는 감사의 뜻으로 내 방문을 허락했다. 나는 흔쾌히 그렇게 했고, 왕국에서 최상품인 몽레알레 과일 바구니를 선물했다.

우리는 바늘에 실 가듯 사랑과 결혼 이야기로 얽혔다. 안락한 법관의 아내라는 처지와 12에스쿠도와 초라한 명예뿐인 군인의 아내가 같을 수야 있을까만. 게다가 나는 신참 상사 아니던가. 우리는 신중하게 혼담을 나누었다. 나는 이런 말을 했다.

"부인, 당신의 가치에 비할 만한 마차도 하인도 내게 없소."

그러자 그녀는 그게 뭐 중요하냐고 의자 하나 하녀 둘과 시종 둘이면 된다고 했다. 이에 우리는 은둔하는 주교를 찾아가 결혼허가를 받았다. 비밀결혼이었다. 이 사실을 알고 나서 페리아 공작은 원통해했다. 공작은 아르코스 공작의 중매로 청혼할까 생각하는 중이었기 때문이다.

우리는 1년 반 동안 즐거운 신혼을 보냈다. 서로 깊이 사랑했으니, 집 밖에 나가서 나는 아내에 대한 존경의 표시로 모자를 쓰지도 않았다.

그런데 내게 정신적으로 기밀 만큼 소중한 친구가 있었다. 그는 우리 집을 제 집처럼 드나들었다. 그러나 우정이 얼마나 중요한지 깨닫지 못한 배신자였다. 그는 내가 그토록 사랑하는 아내를 넘보기 시작했다. 여러

가지 사실을 알게 된 나는 그를 평소보다 의심하게 되었지만, 그렇다고 어린 하인이 내게 이런 말을 할 때까지 그런 일은 상상조차 하지 못했다.

"나리, 스페인에서는 친지간에 여자를 서로 나누는가요?"

"그게 무슨 말이냐?"

"저분이 마님을 끌어안았고 마님도 종아리를 보여주시더라구요."

"스페인에서는 그렇게 해. 아무튼 친지간에 그런 일은 없어. (나는 이들의 이름을 대고 싶지 않다.) 아무튼 누구에게도 그따위 말이랑 말거라. 그런 모습을 본다면 나한테만 말하고. 내가 그들에게 말할 테니."

얼마 후 어린 하인이 다시 똑같은 말을 내게 전하고야 말았다. 나는 잠도 못 갔다. 어느 운명의 아침, 나는 결국 서로 부둥켜안고 있는 둘을 보았다. 그들을 죽였다. 그 슬픈 순간에 그들이 하늘로 가서라도 회개하길 바랐다! 나로서는 할 말이 무척 많지만 나쁜 기억이라 더는 되새기고 싶지 않다. 다만, 나는 그녀의 재산을 한 푼도 건드리지 않았다. 내 서류만 챙겼다. 재산은 그녀의 전남편 자식에게 줬다.

9장
# 궁정으로 되돌아오다

1608년 나는 스페인으로 들어가 궁을 찾아 직장을 알아보았다. 궁에서는 사르디니아에 특무상사로서 소대장 자리가 비어 있으니 맡겠느냐고 했다. 국방위원회의 허가를 받았다. 그러나 돈 로데리고 칼데론*—죽일 놈!—이 나를 밀어내고 그 자리에 자기 가신의 형제를 앉혔다.

"사르디니아 총독과 총사령관의 재가에 따랐다"는 주장인데 전혀 전례 없던 일이다.

나는 프란시스코 가솔 국방위원회 비서에게 하소연했다(1612년 당시 최고위 성직자였다). 그는 자기도 어쩔 수 없다고 했다. 나는 노새를 타고 에

---

* 펠리페 4세의 총애를 받는 신하였으나 1621년 10월 21일에 참수당했다.

스쿠리알 궁*으로 들어가 국왕 펠리페 3세 폐하께 직접 청원했다(천당이나 가지 뭐 하는고!). 왕은 당시 이곳 궁정에 와 있던 돈 로드리고 칼데론에게 가보라고 했다. 1608년이었다. 나는 폐하께 이렇게 답했다.

"폐하, 바로 돈 로드리고께서 문제의 임명장을 빼돌렸사옵니다."

왕은 불쾌해하며 이렇게 말했다.

"알았네, 짐이 즉시 알아보도록 하겠네."

나는 돈 로드리고를 찾아가 이 사실을 고했다. 그러나 그는 이미 내가 국왕을 알현한 사실을 알고 있었기에 이렇게 말했다.

"문제의 임명장을 내가 처리했다고 자네가 어떻게 장담한단 말인가. 물러가게!"


## 에스쿠리알 궁에서 서기를 해치다

내가 궁 밖으로 나온 지 한 시간 뒤, 두 사내가 내게 달려와 이렇게 말했다.

"같이 갑시다!"

법관의 명령이 분명해보였다. 공식적인 명찰이나 휘장은 하지 않은 사람들이지만[일종의 사복검찰관]. 그러나 국왕이나 돈 로드리고와 나눈 이야기를 생각해볼 때, 나는 내가 옳고 정직하다고 믿었다.

---

* 마드리드 교외에 펠리페 2세 시대의 건축가 후엔 데 헤레라가 설계해 지은 가톨릭 최대 규모의 수도원과 성당과 왕궁의 복합체.

에스쿠리알 궁의 전경.

그들은 나를 양쪽에서 포위하고 연행하면서 임명과 관련된 이런저런 것을 물었고, 그러다보니 아랫마을에 당도했다. 그들이 나를 감옥에 처넣으려 한다고 생각했다. 하지만 감옥 옆으로 스쳐 그냥 길을 지나쳤다. 그렇게 마을까지 벗어났다. 마을에서 머스켓 총 사정거리 두 배쯤 지났을 때 둘 중 하나가 내 오른쪽으로 따라붙던 손을 망토 뒤로 집어넣었다. 그의 손을 주시하던 나도 번개같이 검을 뽑아 머리에 일격을 가해 쓰러뜨렸다. 그는 손에 문간[공문서 전통]을 쥐고 있었다. 외투 속에 감추었던 것이다. 그것이 아니었다면 그자에게 달려들어 끝장냈을 것이다. 또 다른 한 명은 검사였다. 그는 손에 검을 빼들었다. 나는 한 걸음 물러나면서 검으로 바닥에 선을 그었다.

"이 선 밖으로 움직이면 박살날 줄 알아!"

이에 검사는 부상당한 자의 피를 수건으로 틀어막았다. 그는 국왕의 사전 허가 없이 궁에 함부로 들어오지 말라고 내게 경고했다.

"그러면 여관에 묶어둔 내 노새는 어쩌라고? 그거라도 찾으러갈 수도 없단 말이냐?

"안 돼, 우리가 보내주겠다."

그는 서기의 상처를 묶고 나서 서둘러 보고하러 돌아갔다. 저녁 자리에서 왕이 이 이야기를 전해 듣고 크게 웃었다는 소리를 들었다.


## 은둔생활을 하다

농부가 노새를 가져왔다. 나는 안장에 올라 마드리드로 향했다. 그 먼

길을 가는 동안 나는 착잡하게 나 자신을 돌아보고서 광야에 들어가 하느님께 봉사하겠다고 결심했다. 궁전에 다시는 발을 들여놓지 않겠다고. 마드리드에서 숙소로 돌아온 나는 이 계획을 실행하기로 하고 지체 없이 여로에 올랐다. 몽카요*로 들어가 그 산속에 오두막을 짓고서 죽는 날까지 살려고……

그래서 은둔에 필요한 생필품을 구입했다. 투박한 모포, 채찍, 모자 붙은 수도사용 외투, 해시계, 속죄용 채, 씨앗, 해골, 작은 괭이. 이것들을 큰 잡낭에 쑤셔 넣고 노새 두 마리와 꼬마 하나를 여로에 대동했다. 어디로 가는지 아무에게도 알리지 않았다. 그렇게 나는 데리고 있던 하인을 축원을 빌어달라고 어머니께 보냈다. 어머니는 내가 특무상사로 떠나는 줄 알았다. 산 펠리페**, 알칼라, 사라고사 등을 거칠 때마다 모두들 그렇게 생각했다.

아르코스 성문에 도착한 나는 짐 검사를 받았다. 그런데 잡낭이 너무 크다며 열어보려 하기에 이렇게 말했다.

"열어서 뭐 하시게. 검열받을 만한 것은 없소이다. 궁에서 나온 군인이 무엇을 가졌겠소?"

그래도 뒤지겠다고 막무가내로 열다가 앞에 말했던 물건들이 나오자 어리둥절했다.

"이런 잡동사니를 갖고 어디로 가는 것이오?"

"또 다른 왕에게 봉사하러 갑니다. 지겨워서."

---

* 아라곤 지방의 해발 2300미터가 넘는, 이베리아 반도에서 가장 높은 산이다.
** 푸에르타 델 솔과 칼레 마호르 귀퉁이에 붙은 아우구스트 수도원 성당.

몽카요 산자락.

사라고사 부근 카탈라유드 성.

단호한 이 말에 그들은 감격했고, 특히 어린 노새꾼은 새색시처럼 울었다.

노새꾼과 나는 은둔생활 이야기를 하면서 칼라타유드[사라고사 부근]까지 건너갔다. 그곳에 내가 아는 몰타 기사들이 있었다. 나는 기사들에게 몽카요 교구장 타라소나 주교에게 소개장을 써달라고 부탁했다. 내가 어떤 사람인지 잘 아는 그들은 확고한 내 마음을 돌려보려고 최선을 다해 설득했다. 하지만 뜻을 꺾을 수 없음을 알게 되자, 그들은 최고의 추천장을 써주었다. 그러면서도 그들은 주교에게 내가 은둔생활의 계획을 물리고 다시 돌아오게 해달라는 말도 덧붙였다. 주교는 성 제롬 기사단원으로 일찍이 펠리페 2세 국왕의 고해신부였다.*

타라소나에 도착한 나는 여관부터 찾았다. 짐을 풀고서 노새와 노새꾼을 돌려보냈다. 그 사이 정든 어린 노새꾼은 떠나려 하지 않았다. 그 이틀 뒤 나는 주교를 뵈러 가서 소개장을 내밀었다. 주교는 내게 저녁을 먹고 가라고 했다. 그는 후식을 하던 중에 내게 맹세를 하라고 했다. 그러면서 내가 젊으니[당시 그의 나이는 스물일곱이었다.] 앞으로 닥칠 수만 가지 어려움을 가르쳐주려고 했다. 그래도 나는 끄떡하지 않았다. 주교 사택에서 일주일을 손님으로 묵었다. 또 달리 해법이 없겠다고 그가 인정할 때까지 항상 맹세를 했다. 그러자 마침내 주교는 몽카요의 산기슭 아그레다에 있는 부주교에게 편지를 써주었다. 내가 이렇게 두 통의 편지를 부주교에게 내놓으니 그는 깜짝 놀랐다. 그러면서 내가 언제든 원할 때부터 은둔수사 생활을 할 수 있다고 했다.

* 디에고 데 예페스 수사. 타라소나 주교로 1599년에서 1613년 사망할 때까지 봉직했다.

타라소나 외곽에서 바라본 몽카요 산.

아그레다의 행정관보는 마침 절친한 고향 친구였다. 이름이 돈 디에고 카스텔라노스 데 마우데스. 이 친구는 나를 보자마자 자기 집에서 며칠 묵도록 했다. 그러면서 내 생각을 돌려놓으려 했다. 시내에서 사람들이 내 계획을 알았을 때나 또 행정관보가 나를 환대한다는 것을 알고서. (내 친구는 수많은 사건에서 명예를 드높였다.) 나는 모든 사람의 환대를 받았다. 내 고집을 아는 사람들은 은둔할 오두막 짓는 일을 거들었다. 시 외곽 3킬로미터 쯤 떨어진 산기슭이었다.

오두막을 필요한 것으로 꾸몄다. 성모마리아 상을 들여놓았고 나는 산디에고 수도원에서 일반적인 고해식을 가졌다. 그 수도원은 맨발에 샌들을 신는 프란체스코 형제회 소속이다. 시 외곽의 내 오두막으로 가는 길목에 있었다. 내가 수도사 복장을 갖춰 입단하던 날, 부주교가 미사를 집전하며 축복해주었다. 행정관보를 비롯해 많은 기사가 참석했다. 미사를 마치고 나서 모두가 가버리고, 나는 혼자서 영혼의 구원에 필요한 시간으로 돌아갔다. 나는 성 프란체스코 수도회의 잿빛 수도복을 입고, 맨발에 샌들을 신었다. 매일 수도원에 들러 미사를 경청했고, 수도사들은 나를 자기네처럼 만들려고 성가시게 굴었지만 나는 그러고 싶지 않았다.

토요일마다 시내로 들어가 탁발을 했다. 돈을 받지 않고 기름과 빵, 마늘을 받았다. 이것으로 살았다. 일주일에 세 번만 먹었다. 마늘 죽, 빵과 기름. 모두 함께 섞어 익혀 먹었다. 빵과 물에 이곳 산나물을 몇 가지 섞어 끓여먹기도 했다.

매주 토요일은 고해하고 영성체를 받았다. 내 이름은 이제 성모의 알론소 형제였다. 수도사들이 격려 차원에서 나를 자기네와 함께 식사하도록 했다. 아무튼 그들은 내가 수도사는 절대 될 수 없을 것이라 생각하고

몽카요 산록의 아그레다 시.

서 수도복을 벗고 수도회를 나가라고 압력을 가했다. 결국 원치 않은 결과였지만 나는 프란체스코 수도원을 떠나 빅토리아 수도원으로 소속을 바꾸었다. 그러나 어딜 가나 사정은 마찬가지일 것이라 생각했다. 은둔 수도를 원하는 자를 수도원으로 끌어들이는 한!

나는 일곱 달가량 이런 생활을 했고 누구도 나를 험담하지 않았다. 나는 매일 부활절처럼 즐겁게 지냈다. 그곳에서 쫓겨나지만 않았다면 나는 기적을 행하는 재미에 취했을지 모른다.

## 무어인의 음모설

여기서 잠시 호르나초스 시절로 돌아가보자. 수도생활을 할 때로부터 5년 전인 1603년의 일이다.

'모리스코'가 봉기하려 한다는 소문이 스페인에 쫙 퍼졌다. 카사 이 코르테스의 행정관 마데라가 본격적으로 반란을 조사하러 호르나초스에 왔다. 모리스코가 마을에서 그 음모를 꾀하고 있다는 이유였다. 모리스코 여섯 명이 붙들려 교수형을 당했다. 내가 알기로는 구아레냐 마을에서 밀을 팔러 건너온 농민들이 모리스코가 처형된 것을 보고 이렇게 말했다고 한다.

"몇 해 전 이곳에 들어왔던 군인들이 이 자들이 헛간에 무기를 잔뜩 숨겨놓았다고 했으니 근거가 없지 않지."

이런 말이 퍼지지 않을 수 없었고 그 말을 들은 누군가 행정관에게 고발했다. 행정관은 농민들을 붙잡아 사실을 불게 했다. 즉 한 중대가 몇

해 전 이곳을 지나가던 길에 이곳 사람들과 싸움을 벌였을 때 그런 말을 했다고.

"제기랄, 호르나초스 헛간에서 찾아낸 무기만 있었으면 얼마나 좋을까!"

그 부대장이 누구였는지 농부들은 모른다고만 했다. 이에 행정관은 호르나초스 마을과 인근 마을들을 샅샅이 알아보도록 사람을 급파했다. 어렵지 않은 임무였다. 마을에 숙영할 때 부대장 이름으로 방을 붙여 알리기 때문이다.

당시 나폴리에 있던 대장의 이름을 그렇게 확인하고 나니까 마을에서 증언들이 쏟아졌다.

"상사 잘못이에요. 무기를 발견하고도 모두에게 함구령을 내렸으니까요. 병사들에게 나눠주지도 않고."

이에 행정관은 그 상사를 탐문했지만 알아내지는 못했다. 하지만 그는 1603년 궁으로 중대를 파견했을 때, 돈 페드로 하라바 델 카스티요 중대장 휘하의 상사가 누구였는지 알아보도록 함으로서 나를 찾아내고 말았다.

수소문한 끝에 사람들은 내가 몽카요의 은둔수사였으며, 사르디니아 특무상사 자리를 놓쳤다는 사실도 알아냈다. 나는 사실 은신처에서 어머니와 국무원에서 일하던 몇몇 친구에게 편지를 썼다. 당시 국무원장은 안드레스 데 프라다였다. 그는 과거 내게 호의적이었다. 그러니 이제 나를 잡아들이라는 영장이 떨어졌다. 내가 그 무기를 찾아냈기 때문이다. 또 그것을 보고하지 않았기 때문이다. 게다가 공교롭게도 모리스코가 봉기를 모의하던 바로 그때, 사르디니아 부임을 거부하고 내가 스페인에서 가장 깊은 오지 몽카요로 들어가 수도복을 입고 은둔했기 때문이다. 몽카요는 아라곤과 카스티유 지방의 나들목에 자리잡고 있다. 이 모든 사실로 미루어 내가 모리스코의 왕이 아닐까 의심받았다. 내가 왜 은둔할 수밖에 없었는지 사정도 모르면서 말이다.

## 감옥에서 은둔하다

렐레나라고 하는 검사가 나를 찾아와 아그레다 행정관보에게 영장을 제시하고서, 무장한 사람들을 동원해 은둔처로 들이닥쳤다. 왕도[포장된 간선도로]도 그 밖의 다른 어떤 길도 없었으므로, 그 많은 무장한 사람을 보고서 놀랐다. 나는 그들이 아라곤으로 건너가는 징병부대인 줄 알았다. 하지만 그들이 내 오두막으로 다가오는 것을, 매우 조심스럽게 접근하는 것을 보았던 만큼, 그들이 요새를 포위하려는 줄만 알았다.

그런데 웬걸, 그들이 다가올 때 나는 한 손에 묵주, 다른 손에 지팡이를 들고 있었다. 그들은 내게 갑자기 달려들어 손을 뒤로 묶고, 발에 족쇄를 채웠다. 그들은 강고한 요새를 점령했을 때보다 더 좋아했다. 나는 결박된 채 나귀를 타고 시내로 끌려갔다. 가는 길에 이런 소리가 들렸다.

"저놈이 모리스코 왕일세, 산속에 살면서 얼마나 독실한 척 했어?"

수도 없는 황당한 소리들이 쏟아졌다. 그런 식으로 우리는 모든 마을 사람이 나를 보러 몰려온 어떤 마을로 들어섰다. 나를 딱하게 보기도 했고 힐난하기도 했다.

나는 수감되어 감옥 안에서 하느님께 운을 맡기고 나 자신을 돌아보며 밤을 지샜다. 왜 그토록 신중하게 왕명을 앞세워 나를 잡아들였을까, 도

대체 무슨 일일까 알 수 없어 갖은 추측만 해볼 뿐이었다. 이튿날, 나는 행정관보를 만나고 싶다고 청해 그가 왔을 때 내가 수감된 이유를 물었다. 그의 말인즉,

"모리스코 건일세."

이에 나는 그제사 호르나초스에서 찾아낸 무기가 문제가 되었겠구나 하는 생각이 퍼뜩 떠올랐다. 그래서 이렇게 말했다.

"호르나초스에서 내가 찾아낸 무기 때문입니까? 왜 나를 이렇게 은밀히 체포했습니까? 먼저 물어보았다면 다 답했을 텐데."

화들짝 놀란 행정관보는 이 사실을 급히 검사에게 알렸다. 똑같은 말이었다. 즉 검사도 기뻐 날뛰었다! 그는 끔찍하게 괴롭히며 손을 죄던 족쇄를 풀어주라고 했다.

식사도 제대로 나왔다. 그간 풀죽이나 먹는 데 익숙했던 나는 이렇게 사람답게 먹고 나서 마치 독약이라도 처먹은 듯 엄청나게 불어터져 죽은 놈처럼 몸이 불었다. 의사들이 왔다. 그들은 나를 진찰하고 내가 먹은 것이 무엇인지 알고서 별일 아니라고 했다. 우리는 마드리드로 향했다. 가는 길 내내 대우는 좋았다. 하지만 항상 족쇄를 채웠고, 창을 든 열두 명이 호위했다. 우리는 이렇게 마드리드로 들어갔고, 퐁텐 가에 도착했다. 마데라 행정관 관사였다. 그는 호르나초스에서 이곳으로 돌아와 있었다.

그들은 족쇄를 풀고, 어느 방으로 데려가더니 왜 내가 세속을 떠나 있으려 했느냐고 점잖게 물었다. 나는 앞 장에서 내가 썼던 대로의 이유를 대었다. 이런 질문도 했다.

"호르나초스로 다시 돌아간 적이 없었나?"

"나리, 무기 문제라면 내가 거기 헛간에서 그것을 발견했을 때 우리 부

대와 함께 있었습니다. 5년 전 일이지요. 더는 묻지 마시구려. 어찌 된 일인지 말씀드릴 테니."

그는 일어서더니 나를 끌어안고서 내가 인간이 아니라 천사라면서, 하느님이 모리스코의 사악한 시도를 밝혀주도록 나를 보내셨기 때문이라고 했다. 나는 그에게 옛날에 벌어졌던 일을 이야기하기 시작했다. 그는 알론소 롱쿠이요라는 행정관보 사택으로 나를 데려갔다. 여섯 명의 호위가 붙었다. 그러나 총을 들지 않았고 나를 잘 대우하라는 지시를 받았다. 저녁 때 의사가 왔다. 의사는 내 멋대로 먹고 마시게 놔두지 않고 간섭했다. 그러다보니 가난뱅이가 부자보다 더 잘 먹을 수밖에 없었다.

이로부터 보름 동안, 비록 감시는 여전했지만 어머니와 친구들과 연락을 취할 수 있었다. 식사는 의사 없이 했다. 그런데 그날 밤 자정에 롱쿠이요 검사가 여행 복장을 하고 권총을 허리춤에 차고 부하 여섯 명과 함께 나타났다. 그는 방으로 들어와 이렇게 말했다.

"상사 옷을 입게. 볼일이 있소."

길 떠날 준비가 된 그 자들을 보면서 나는 이렇게 대꾸했다.

"대체 무슨 일입니까?"

그는 거듭 "옷이나 입으라"면서 같은 말을 반복했다. 옷 입는 것이야 별일도 아니었다. 저고리나 걸치면 되었으니까. 그리고 나서 "어디로 오라는 명인지 알기나 합시다"라고 했다. "산 지네스[9세기에 마드리드 시내에 지은 성당]로 가서 고해신부와 대질하려는 것이라면, 나는 못 갑니다."

"따라오시게. 늦었소. 오늘 밤 고해할 일은 없을 테니."

그렇게 말하기는 했지만, 나는 여전히 시 외곽으로 끌려가 목매달리지 않을까 두려웠다.

### 10장

# 증인을 찾아다니다

결국, 나는 그곳에서 세 집 떨어진 곳에 살고 있던 산 지네스 교구 부주교에게 끌려갔다. 그렇게 고해를 하게 되었다. 지금 이렇게 글을 쓰고 있지만, 나는 당시 아무런 마음의 준비도 없었다! 나는 고해신부에게 줄곧 통사정하면서, 그 이튿날 프라다 국무원장과 어머니에게 내가 찾아가 했던 말을 입증할 수 있게 해달라고 했다. 또 근거 없는 "대역죄인"이 아님을 변명할 수 있게 해달라고 애원했다. 그것이 고해의 전부였고 부주교는 나가버렸다. 나는 다시 족쇄에 묶이고 나귀에 올라탔다. 나귀 배 밑으로도 내 발을 묶었다.

우리는 밖으로 나와 산 비니에스 변두리에 이르렀고 그곳에서 교수형장으로 끌려갔다. 즉 마을 광장을 지나, 비탈진 톨레도 가를 내려가 세라

마드리드 시내 산 지네스 성당. 17세기에 재건축했다.

다 성문을 지났다. 사실 그 길은 세고비아 성문까지 이어지고, 호르나초스로 통하는 길이다. 결국 내가 왔던 길로 되돌아온 셈이었다. 검사는 내게 어디 가는지 알려주고 공포를 덜어줄 수 있었겠지만 그러지 않았고, 밤새 길을 빙빙 돌며 나무 밑을 지날 때마다 나는 거기에 매달리지 않을까 공포에 떨었던 것이다.

동틀 무렵, 우리는 모스톨레스에 와 있었다. 거기에서 멈추지 않고 카사부비오스까지 간 뒤에 그곳에서 아침을 먹고 나귀들에게 먹이를 주었다. 입맛이 있을 리 없었다. 나는 검사에게 왜 어디로 가는지 말도 없이, 밤새 겁을 줬냐고 물었다.

"우리가 도착할 때까지 밝힐 수 없는 곳으로 간다. 국왕참사회 명이다."

그럼에도 의심과 두려움을 떨칠 수 없었다.

호르나초스가 눈앞에 들어왔을 때, 그는 이런 말을 했다.

"저기가 우리가 갈 곳이야. 오늘 밤 형을 집행해야 해. 그래서 자정 전에 들어가지 않을 것이고."

새로운 걱정이 들었다. 우리는 숲에 들어가 대기했고 나는 내 최후가 어떨지 자문했다. 하지만 당황하고 떨지는 않았다. 그래, 최후가 다가온다면, 내 늘 그렇게 살아왔듯이 하느님의 뜻이라고 받아들이자. 후회 없이!


## 호르나초스와 마드리드에서 벌어진 일

마을로 들어설 때, 검사는 족쇄를 풀어주면서 "무기가 있던 집이 어딘지 말해보게"라고 했다. 이에 나는 대답했다.

"나는 마을을 잘 모릅니다. 오후 반나절과 그날 밤을 보냈을 뿐이니까요. 병사가 나를 찾으러왔을 때, 밤이 깊었고 또 5년이나 흘렀으니. 그래도 저 위쪽 길로 올라가보면 아마도 샘이 있을 텐데. 하느님 가호로 그 집을 찾아낼 수 있을지 누가 알겠소."

우리는 그렇게 고지대로 올라갔다. 나는 다시 이렇게 말했다.

"저 집이거나, 저기 저 집이었던 것 같소."

이 말에 검사는 "좋아, 우선 여관으로 가자"고 했다. 여관에 들어가니 식사를 내주었다. 얼마나 배가 고프든지! 그렇게 극심한 고통 끝에 먹는 것이었으니!

날이 밝자, 검사는 소란 없이 두 집으로 나를 들여보낼 방법을 궁리했다. 사실 다른 여러 곳으로 들어갈 때, 나는 집들에 성상이나 십자가가 있는지 바다호스 주교가 알아보라고 보냈다고 했고, 또 내가 수도복 차림이라 사람들은 쉽게 믿었다. 사람들이 이렇게 순진하니 성물장수들이 호르나초스로 달려오곤 했던 것이다. 성화(종이에 그린 성상)로 한몫 잡으려고. 십자가 두세 개 걸리지 않은 문은 없었다. 마치 전쟁터에 와 있는 기분이 들곤 했다.

나는 집 안으로 들어가 다시 헛간을 찾아냈다. 그러나 내가 말했던 것과 같지 않았다. 비둘기 빛처럼 희고, 길이 9미터 너비 6미터가 아니었다. 나는 멍한 기분으로 벽에 기댔다가 미친 듯 손가락으로 벽을 더듬고 긁어댔다. 그러자 천운으로 흙판이 떨어져나왔다. 그 밑이 흰색이었다. 나는 벽을 더듬으며 이렇게 말했다.

"나리, 이 흙벽을 허물 사람이 있어야겠소."

그렇게 말하고 나서 모든 벽면을 긁으면서 나는 세 쪽은 희고, 한 쪽은 시커멓다는 것을 알게 되었다. 그들이 사람을 데려와 검은 벽을 헐게 하니 금세 헛간이 나왔다. 내가 말한 대로였다. 그 한복판을 칸막이로 갈라, 둘로 만들고 진흙으로 덮어주었다.

집주인이 체포되었다. 그는 2년 전에 또 다른 모리스코에게 이 집을 구입했다고 했다. 나는 그 모리스코의 이름은 기억에 없었다. 이 자를 붙들려고 했지만, 그 집을 허문다는 소문에, 자기 암말을 타고 포르투갈로 내뺐다. 결국 그를 끌어오는 데 큰 비용이 들었다. 그의 재산은 압류되고 이것으로 검사와 부하들이 흥청망청 잔치를 벌였다. 나는 이제 엄한 감시도 받지 않았다. 그들은 궁으로 이 사실을 급히 전했고 행정관은 이 소식을 반겼다.

나는 아파서 거의 사경을 헤맸다. 다행히 치료와 간호를 받아 금세 회복되었다. 그렇게 완전하지 않은 상태로 끌려갈 때 사람들은 근처의 우유 짜는 사람과 의사를 보내주었다. 내가 거쳐갔던 마을마다, 행정관과 행정관보가 인계하러 나왔다. 그렇게 그다음 날 다시 인계할 때까지 나를 지키면서 대우해주었고, 숙소도 감방이 아니라 괜찮은 곳을 내주었다. 이제 다시는 그런 곳에 들어볼 일이 없을 것이기 때문이었다. 이렇게 우리는 마드리드에 도착했고, 다시 내가 떠났던 집으로 돌아왔다. 나를 다시 떠나보내면서 어머니는 눈물을 펑펑 쏟았다.

나는 건강을 완전히 되찾았다. 어느 날 나는 카스티야 총독 돈 페드로 만소(1606년 바야돌리드 대법관. 인도 총주교와 세사레 주교 역임)의 공관으로 끌려갔다. 그곳은 국왕참사회 근위대가 지키고 있었다. 돈 디에고 데 이바라*, 살라사르는 국방위원이었다. 그 밖의 사람들 가운데 멜초르 데 몰리나[1612년 국왕참사회 회계관] 정도를 알아볼 수 있었다.

나는 사건의 전말을 수사했던 헌병대장과 대질했다. 그는 자신이 호르나초스에 갔던 적이 없다고 부인했다. 나는 이에 대해 이렇게 주장했다.

"나는 대장님을 압니다. 사실, 이 문제를 모두 말했었죠. 그렇게 분명한 것을 왜 부인합니까?"

그래도 그는 재차 부인했다. 그래서 나는,

"나리, 그건 사실 아닙니까. 당신이 진실을 밝힐 때까지 내 어떤 고초도 각오하겠소!"

거기까지였다. 다시 나는 일반 감옥에 수감되었고 헌병대장은 구치소로 들어갔다.


## 사지를 조이는 문초

그로부터 며칠 지나지 않아, 깊이 잠든 어느 날 밤 사람들이 나를 깨워 옷을 입히고 가마에 태워 퐁텐 가로 끌고 갔다. 그런 뒤 사방이 양탄자로 잔뜩 덮인 방으로 데려갔다. 그들은 나를 장막을 드리운 탁자 앞에 앉혔다. 탁자 위에는 십자가, 잉크병, 건조용 가루, 종이가 놓여 있었다. 조금 떨어진 곳에는 살벌한 고문용 목마가 놓여 있었다. 형리, 행정관과 서기도 와 있었다. 행정관은 나를 안심시키며 이렇게 말했다.

"자네가 검사에게 무기에 대해 이실직고하지 않았다는데, 이렇게 물어야 하다니 마음이 무겁네."

* 프랑스 대사를 지낸 국왕참사위원장, 1626년에 사망함.

이어서 그는 필요한 명을 내렸다. 서기는 내가 기억도 못하고 알지도 못하는 것을 적었다. 형리는 나를 발가벗기고 고문 틀에 올라앉힌 다음 밧줄로 사지를 조였다.

그들은 다시 털어놓으라고 강요했다. 무기를 누구에게 건넸느냐고. 나는 그 자리에 그대로 놔두었다고 답했다. 행정관이 말했다.

"너하고 네 중대장한테 주었다는 것을 다 알아. 네가 말하지 않는 금화 4000두카트 말이야."

"말도 안 됩니다. 중대장은 터키 장군만큼이나 그런 것을 모르오. 내가 한 말이 사실이오."

그러고 나서 나는 일체 아무 답도 하지 않았다. 단지 이 한 마디를 한 뒤로.

"사실대로 말하라고 고문하다니 지나치지 않소. 이런 식으로 무슨 말을 하겠소! 내 말을 취소하길 바란다면 그리하리다."

"더 뜨끔한 맛 좀 보여줘."

이렇게 그다음 고문도 별 효과가 없자, 나를 일으켜 집으로 데려가더니 치료하고 다시 칙사 대접을 했다. 행정관은 나를 의자에 앉히고 부둥켜안기도 했다.

나는 열흘 이상 치료받으며 침상에 누워 있다가 일어났다. 한편 헌병대장은 궁내(마드리드) 감옥에서 고초를 겪고 있었다. 그러나 그에게는 라인의 늙은 영주이자 대원수라는 후견인이 있었다. 또 금화도 3000두카트나 갖고 있다고 했다.

그러더니 칙령이 내려왔다. 나는 방면되었다. 단 허락이 있을 때까지 궁내를 벗어나지 않는다고 서약했다. 또 내게 수도사 복장을 벗고 입으라며 번지르르한 비로드 군복을 내주었다. 또 하루 금화 4두카트씩 주면서 먹고 자고 하라고 했다. 이 돈은 나흘마다 한 번씩 꼬박꼬박 미냐 비서가 내게 전달했다. 이 모든 것이 모리스코 재산이었다.

나는 번듯한 군복 차림으로 산 펠리페 성당을 찾았다. 모두들 나를 보고 놀라며 석방을 기뻐했다. 매일 저녁 나는 나를 감옥에 처넣은 검사 집으로 찾아갔다. 그 부인이 이렇게 말했다.

"나리, 헌병대장이 호르나초스에 가지 않았었다는 여러 증인을 찾았습니다. 나리와 함께 식사를 하니까 드리는 말씀인데, 도망치세요. 다시는 감옥에 들어가지 마시라구요! 선한 사람들의 애도를 듣느니, 숲으로 들어가는 것이 더 낫지 않겠어요?"

나는 그녀가 선의로 하는 말이라 생각하고 그 말대로 서둘러 떠날 준비를 했다. 그러나 사실 그녀는 헌병대장의 의도에 따라 그렇게 했던 것이었다. 앞서 말했듯이 그는 부자였고 결국 이 부인을 매수해 나를 제거하려는 목적을 이뤘다.


### 마드리드를 몰래 빠져나오다

지닌 돈이 조금 있었지만 비서에게 이틀치를 미리 달라고 했다. 검정 군복을 팔고 라스 포스타스 가에서 두건 달린 홑겹 외투[전령복장]와 바지, 각반과 중고 검 한 자루를 구입했다. 그렇게 어느 날 밤, 황혼녘에 등짐을 지고 모자를 쓰고 알리칸데로 향했다. 때는 1월이었다. 이런 계절에 밤길을 걸으니 마음은 쓸쓸하기만 했다.

동틀 무렵, 바요나에서 나룻배를 타고 라 만차로 건너갔다. 알바세테를 거쳐 알리칸테로 들어갔는데 이곳까지 모두 나흘이 걸렸다. 그러고는 무적함대[아르마다]가 어디 있는지 수소문했다. 이 함대와 이탈리아의 모든 연대가 발렌시아에 있다고 알았기 때문이다. 일찍이 내 중대 소속의 많은 대원이 호르나초스로 건너갈 때 이곳에서 출발하기도 했었다. 뿐만 아니라 우리 대원은 리스본에서 해산하고 난 뒤 무적함대의 예하 연대로 편입되었다는 것도 알고 있었다.

나는 곧 이 연대가 라후아의 코르테스 계곡[스페인 남동부 발렌시아 지역]에 주둔한다는 것을 알게 되었다. 그래서 그곳을 찾아들어갔다. 과거 내 부하들을 다시 찾으려 했던 만큼, 나는 매일 수비중대들을 돌아다녔고 결국 열다섯 명 넘게 만났는데 그중 둘은 상사가 되어 있었다. 이 둘에게 내 어려운 처지를 이야기했다. 그들은 내 말을 측은하게 듣고 나를 숙소로 데려갔다. 내가 헌병대장이 호르나초스에서 있었던 사실을 부인했다고 하자, 그들은 그자가 그런 거짓말을 했냐고 고함을 치며, 그 당시 여관에서 그가 아침을 먹었던 것을 잊어버렸냐고 그에게 기억을 되찾아주겠노라고 했다. 우리는 다른 대원들의 말도 확인했고 또 내가 작성한 보고서를 연대 군법무관에게 전달했다. 그러면서 나는 그 당시의 확고부동한 증언을 확보하는 것이 중요하다고 밝혔다. 호르나초스라는 마을에 있었던 어떤 자 때문에 내가 이런 탄원을 하게 되었다면서 증인들의 이름도 알려주었다.

이 덕에, 우리 중대가 호르나초스에 있었던 그때 헌병대장이 있었다는 증언을 다섯 건 확보했다. 그 기록을 얻은 나는 그것을 챙겨 다시 떠나려 했다. 하지만 이 계곡에서 모리스코를 소탕한다는 소문이 돌고 있었던

발렌시아 지방, 코르테스 계곡.

데다가 날씨마저 지독하게 추워 그러지 못했다.

그런데 내가 마드리드에서 도주한 지 이틀 뒤, 내가 사라진 것을 알게 되자 사람들은 즉시 사방으로 수색에 나섰고, 시내에 내 이름을 널리 떠벌렸다. 내가 답도 없고 어디에 있는지 소재 파악도 못하던 중, 발렌시아까지 도망쳤다는 정보를 입수한 헌병대장은 석방을 요구하면서 이렇게 말하기 시작했다.

"콘트레라스는 거짓말만 한다. 그는 모리스코에 합류하려 돌아갔다."

이 못된 자는 자금이 있었고 또 거물 영주 두 사람이 그를 도왔다. 그 덕에 그는 쉽게 풀려났다. 아무튼 그런데도 행정관은 내가 모리스코 반도叛徒를 찾아갔다고 그렇게 호락호락 믿지 않고 내 족보를 은밀히 조사했다. 4대 위로 거슬러올라가 유대인이나 무어인 혈통과 무관한지 아닌지 추적했다.

나중에 피냐 서기가 다음과 같은 말을 하는 바람에 나는 그 사실을 알게 되었다.

"만약 당신이 당신의 출생과 양가의 조상을 탐문하는 데 들인 만큼 돈이 있었다면 한동안 영주처럼 살 수도 있었을 것이오. 어쨌든 당신 가계에 의심스런 점이 전혀 없었으니 다행 아니오. 만약 그랬다면 교수대로 가지 않았겠소."

그 대담한 헌병대장이 석방되고 나서 사람들은 모리스코를 쫓아내야 한다고 이구동성으로 떠들었다.* 나도 계속 쫓기는 신세였다.

---

* 1610년 당시 스페인 인구는 900만가량이었고 추방당한 모리스코는 50만가량이었다.

## 발렌시아에서 마드리드로 돌아오다

그로부터 며칠 뒤, 라후아 황야에서 모리스코를 색출하던 무렵, 타고 다니기 좋은 노새 한 마리를 붙잡았다. 나는 그놈을 타고 연대특무상사가 내준 통행증을 얻어 알바세테로 길을 떠났다. 연대에서 맡은 일로 노새를 타고 간다는 등의 설명이 적힌 증명서였다. 알바세테에서 노새를 팔아 36두카트를 손에 쥐었다. 원래 100두카트는 받아야 하는 것이었지만. 나는 마드리드로 가던 중 그 초입 발레카스에서 다음 주소로 청원문을 써보냈다.

"국왕폐하께, 안드레스 데 프라다 비서 참조."

그리고 그 밤에 마치 전령처럼, 잡낭을 둘러매고 마드리드로 들어갔다.

나는 곧장 살라사르 백작 댁으로 들어가 그 비서 메디나에게 말했다. 그는 나를 알아보자마자 이렇게 말했다.

"어서 피하게! 만약 잡힌다면, 저들이 그 이튿날로 목을 맬 텐데."

나는 반박했지만 그는 다시 말했다.

"어서 피해."

나는 하인을 불러 이렇게 당부했다.

"백작께 발렌시아 군에서 전하는 전갈이라고 드리도록 해라."

백작은 나를 급히 들어오라 했고, 이내 나를 알아보고서는 누가 나를 따라오지 않는지 주위를 살폈다. 그래서 나는 이렇게 말했다.

"저는 콘트레라스 상사입니다. 제 평판이 걱정되어 이 꼴로 올 수밖에 없었습니다(정강이까지 흙투성이였다). 문제가 무엇인지 나리께서 아셔야겠기에 여기 헌병대장이 호르나초스에 가 있었다는 사실을 입증하는 증거를 가져왔습니다. 허락도 없이 옛 대원들을 찾아갔던 것도 그 때문입니다. 이제 나리의 선처만 바라겠습니다."

그러자 그는 이렇게 말했다.

"내 기사단 사람으로, 항상 자네를 두둔했네. 회계관 멜초르 데 몰리나 댁을 찾아가보게. 어서 이 사실을 알리고, 내일 다시 보세."

나는 몰리나의 자택으로 찾아갔다. 그러나 취침중이었다. 그래서 안면이 있는 여자 십으로 발길을 돌렸다. 그 집 앞에서 사람을 불렀다. 하녀가 문을 열어주었다. 그녀가 나를 알아보더니 깜짝 놀라 외쳤다.

"아니, 상사님!"

나를 알아보니 불편했다.

"뭘 그렇게 놀래?"

"지금이 어느 때인데 마드리드로 돌아왔어요? 잡혀 죽을 텐데. 이를 어쩌나! 성당으로 피하세요."

"이사벨라, 영국 대사관을 찾아가* 요깃거리 좀 가져오구려. 마실 것하고. 배고파 죽겠으니 목매달려 죽더라도 배야 곯을 수야 없잖아!"

하녀는 바람처럼 다녀왔다. 파테와 포도주를 가져왔다.

"어디 좀 앉아서 드세요."

안주인은 벌써 먹었다며 사양했고, 나는 허겁지겁 먹기 시작했다. 이렇게 식사를 끝내고, 발을 씻고 술 한잔 마시고 뻗어버렸다.

얼마나 피곤한지 즉시 골아떨어졌다가 깨어나 회계관을 찾아갔지만 그는 이미 외출하고 없었다. 예수회 미사에 갔다고 했다. 나는 예수회 성당

---

* 대사관 부속 식당에서 주방 사람들이 먹을 것을 팔고 있었다.

으로 달려가 입구에서 기다렸다가, 그에게 내가 어떻게 증언을 구해왔는지 설명했다. 백작이 그것을 전하라는 말도 했고 궁궐에서 보자고 했다고도. 그는 내 문건을 건네받더니(나를 죽은 사람처럼 측은하게 바라보았다), 자기 집에서 기다리라고 했다. 나는 그렇게 했다.

그 전날 저녁을 먹은 여자 집의 하녀는 짐꾼(집행관 조수)의 애인이었다. 그녀는 날이 밝고 내가 회계관을 찾아간 사이에 이 사실을 짐꾼에게 알렸다. 나는 집을 나오면서 내가 갈 곳을 말해주었다. 짐꾼은 자기 상전 아르티아가 검사에게 알렸고, 다른 짐꾼들을 불러모아 내가 나올 때를 기다렸다. 나는 정오까지 회계관 집에서 그를 기다리고 있었다. 마침내 회계관이 도착했다. 그는 마차에서 내리면서 나를 보고 이렇게 말했다.

"이보게, 폐하께서 자네 명예를 되찾아주시려 하네."

그러면서 내 손을 잡았다. 그가 맨발로 달려온 전령 같은 내게 보여준 이런 엄청나게 정중한 태도가 놀랍기만 했다. 우리가 그의 서재로 들어가 앉자마자 그는 내 문제를 격려하기 시작했다.

"백작 댁으로 가보게. 그를 궁에서 보았는데, 자네에 대한 결정을 알려줄 것이네."

내가 집을 나서자마자, 검사와 짐꾼들이 내게 덤벼들며 외쳤다.

"왕명이니라!"

나는 검을 쥐고 휘둘렀다. 이것이 회계관의 함정이라 생각했고, 누구도 덤비지 못하게 했다. 회계관이 문간에 나와 이렇게 소리쳤다.

"못된 놈들, 멍텅구리 같으니! 이 사람이 전령인 줄 알기나 하느냐?"

검사는 당혹해했고 나는 검을 거두고 백작의 집으로 향했다. 내 앞뒤로 100여 명이 따랐다. 나는 문간에서 무리에 둘러싸인 채 백작이 돌아올 때를 기다렸고, 그는 돌아와 이렇게 말했다.

"상사, 우리 집으로 올라가세."

그를 뒤따르자 그는 다시 한번 큰 소리로 외쳤다.

"자네가 선행을 했더구만. 모든 것이 해결되었네. 중대를 원한다면 하나 내어주기로 했어."

나는 그의 손에 입을 맞추었다.

"나리, 그럴 수 있다면 플랑드르 중대라면 좋겠습니다."

그러자 그는 프라다 비서(국무원장)에게 건넬 서신과 300레알레를 쥐어주었다.

이렇게 서신을 들고 나는 비서를 찾아갔다. 그는 국왕께 드릴 봉투를 건넸다. 왕은 당시 프라도 궁*에 있었다. 나는 궁으로 들어가 봉투를 전했다. 저녁에 다시 오라고 했다. 궁으로 다시 찾아갔을 때, 그는 프라다 비서에게 전할 봉투와 1000레알레를 주었다. 나는 이것을 받아 다시 시내로 돌아와 비서에게 내놓았다. 그 봉투에 선불 12에스쿠도 금화와 또 대공에게 전하는 서신이 들어 있었다. 왕이 내게 플랑드르 1개 중대를 맡기라고 임명하는 칙서였다. 나는 이렇게 장교복장을 하고서 아그레다로 떠났다. 은둔생활을 했던 곳이다. 그 전에 어머니를 찾아보고 내가 받은 돈의 일부도 드렸다.

그러나 헌병대장은 돈도 많고 후견인도 많았다. 그는 진술만으로 풀려났고 모리스코는 스페인에서 추방되었고, 그도 결국 구속 수감되었지만 오래가지는 않았다. 4년 뒤에 그를 마드리드 궁에서 다시 보았기 때문이다.

* 당시에는 왕궁이었는데 오늘날 세계 3대 박물관의 하나가 되었다.

마드리드 시내 프라도 궁의 오늘의 모습.

11장

# 플랑드르 가는 길과
# 프랑스 왕의 사망

마드리드를 떠난 지 며칠 만에 나는 아그레다로 들어갔다. 여관을 잡
자 마을에 소문이 퍼졌다. 다들 반가워했고 특히 왕의 칙령을 받았다고
좋아했다.

닷새 후 나는 다시 산 세바스티안으로 향했다. 몸도 아주 좋았고, 됭커
르크[오늘날 프랑스 북해 연안 항구]에서 내려온 플랑드르 행 배편에 올랐
다. 일주일 걸리는 뱃길이었다. 배에서 내린 나는 브뤼셀로 들어가 대공
에게 칙령을 내놓았다. 대공은 나를 환대하고서 은전을 주며 곧 중대를
맡기겠노라고 했다. 발령을 기다리는 동안 나는 안드레스 데 파라다 중
대에 배속되었다. 그는 국무원 비서의 친척이었다. 연대장은 돈 후안 데
메네세스로 캉브레[플랑드르 지방] 본부 사령관이었다.

그런데 두 해를 그곳에서 보내는 동안 원정에 나선 적이 없었고 내게 중대를 맡기지도 않았다. 그러다가 프랑스 왕 앙리 4세와 콩데 공주의 연사戀事가 터져나왔다. 그 동기야 너무 빤했다. 결혼을 하지 않는다면 전쟁이 벌어질 수밖에 없었다.

콩데 공주는 남편 콩데 왕자와 함께 브뤼셀에 있는 마담 인판타* 곁으로 피신해 있었다. 왕자는 프랑스에서 왕위계승권을 인정받은 세자였다. 앙리 4세가 박탈하지만 않았다면 말이다. 이제부터 내가 겪은 기적 같은 일을 증언할 차례다. 캉브레 법관 앞에서 이 문제를 진실로 맹세하고 털어놓은 대로다.

### 프랑스 왕의 사망을 알게 되다

프랑스 왕은 플랑드르를 놓고서 이탈리아, 독일과 연맹을 제안했다. 그는 합스부르크 가문의 신성로마제국에 맞섰다. 1610년의 일이다. 그 협상은 여전히 진행중이라 알고 있다.

앙리 4세는 생 드니[파리 북쪽 교외 대수도원]로 왕비를 찾아갔다가 파리로 돌아오는 길이었다. 대로로 10킬로미터였다. 그 길을 거쳐 시내의 좁은 길로 들어섰을 때, 왕의 마차는 수비대가 둘러싸기 어려웠다. 바로 그때 길가에 있던 한 사내가 칼로 왕을 찔렀다. 왕은 "짐을 죽이지 말거라"라고 신음했고, 사내는 다시 한번 더 달려들어 찔렀다. 결국 200년 넘는

---

* 스페인 공주 이사벨라. 당시 스페인령이던 네덜란드와 플랑드르의 군주였다.

프랑스 부르봉 왕조의 시조 앙리 4세의 시해를 묘사한 17세기 판화.

왕국을 다스렸던 용감한 왕이 시해되었다. 붙들린 사내는 죽을 고비를 넘기는 극심한 고문에 시달렸다. 그는 "주여, 천국으로 보내주십시오"라는 말만 되풀이했다. 게다가 이것이 누구의 흉계인지 묻는 말에, 그는 "누구도 시키지 않았소. 기독교도가 탄압받지 않도록 내가 그리했을 뿐이오. 이곳을 두 번이나 찾아왔지만 기회가 없었소. 번번이 그냥 돌아갔소"라고만 했다.*

그는 앙굴렘 출신의 프랑수아 라바이약으로 학교 선생이었다. 앙굴렘은 브르타뉴 왕국 땅이다. 이 사건은 1610년 5월 14일 오후 4시에 벌어졌다. 모두 사실이다. 나는 멀지 않은 캉브레에서 모든 것을 확인했다. 이제 내가 보고 들은 대로 이야기해보겠다.

앞에서 말했다시피, 나는 캉브레 연대에서 근무하고 있었다. 그러던 어느 날 구원의 기도를 하는 것만큼이나 우리가 바라마지 않기도 했던 출정 명령이 떨어졌다.

나는 마요르카 출신의 또 다른 중대장 후안 홀과 함께 장벽 순찰 임무를 맡았다. 우리는 망루가 많은 장벽으로 올라갔고, 페론 성문 밑에 도착해서 전령의 나팔소리를 들었다. 우리는 출동하라는 명령인 줄 알고 기뻐했다. 말 여섯 필을 관리하는 조장들이 시 바깥쪽 성문에서 전령의 통행을 지켰다. 통과하려면 통행증을 제시해야 한다. 이 통행증이 들어 있는 통을 다른 편 참호 쪽으로 밧줄로 동여매어 넘겨주어야 한다.

"전갈이다."

"어디서 왔냐!"

---

* 앙리 4세는 신교도, 왕비는 가톨릭교도로 이것이 갈등의 원인이었다.

우리가 물었다. 만약 그들이 서찰을 지니고 있다면, 그것을 통에 넣어 사령관에게 전달한다. 전령은 줄을 당겨 서찰을 넘겨받아 조장에게 전달하면 조장이 말 두 필을 내준다.

우리는 다시 한번 물었다.

"어디서 왔냐?"

"스페인에서."

"사령관에 전할 것을 갖고 있느냐?"

"아니다. 바삐 서둘러야 한다."

여기에 우리는 또다시 물었다.

"무슨 일인가?"

"오늘 저녁에 프랑스 왕이 자객에게 두 번이나 칼에 찔려 승하했다."

이에 나더러 직접 사령관에게 이 소식을 전하라고 했다. 그것이 제일 빠르다며. 내가 달려갔을 때 그는 자고 있었다. 소식을 듣자 그는 크게 당황했다. 사건의 위중함과 위험을 알고 있었기 때문이다.

사령관에게 공보를 받아들고 나는 장벽으로 돌아왔다. 우리는 공보를 통에 넣어 성곽 아래로 내려 보냈는데 말이 한 필뿐이었다. 그래도 손에 그 통을 쥐고 총 한 방 날아갈 사정거리 안에 있던 전령 조장에게 달려 갔다. 우리는 다시 순찰을 돌면서 이 급한 소식을 수비대에 전했고, 모두 들 깜짝 놀랐다. 이튿날이 밝고, 인근 모든 마을에서 농부들이 수레에 기르던 가축 등 살림을 싣고 캉브레로 몰려들었다.

"왕이 죽었다는 구실로 군인이 약탈에 나설 테니까."

그런데도 내가 들은 왕의 사망 소식은 거짓 보고였다면서 모두가 나를 빈정댔다.

이런 일이 있고 나서 아흐레 뒤에, 파리 주재 국왕대사 돈 이니고 데 카르데나스의 시종이 서찰을 전달하러왔다. 그는 나를 난처하게 만들었던 국왕의 시해 소식을 하나도 틀림없이 이야기했다. 게다가 왕비의 지시로 대사관저가 두 개 중대의 감시 아래 들어갔다고 했다. 시해의 원인이라면서 민중이 대사와 대사관원을 해치지 못하도록 하려는 조치였다.

이런 사태에 모두 경악했다. 조장에게 이런 밤에 말들을 내줄 수 있느냐고 물었지만 답은 "불가"였다. 여기에 서로들 수군대던 이야기가 급히 퍼져나갔고 결국 이 소식을 전한 자가 악마 아니면 천사일 것이라고 생각하게 되었다.

우리들은 9월까지 원정을 되풀이했다. 나는 대공에게 휴가를 신청했다. 몰타에서 총회가 열리기에 그간 해왔던 기사단 일을 마무리짓고 싶었기 때문이다.


## 순례자 복장으로 플랑드르를 떠나다

나는 허가를 얻었다. 하지만 혼자서든 하인과 함께든 타고 갈 말을 살 돈은 없었다. 그래서 프랑스식 순례자 복장으로 떠나기로 했다. 내가 프랑스어를 잘하기 때문이다. [사과 모양 장식이 붙은] 순례용 지팡이 속에 검을 숨겼고, 배낭에 증명서를 넣고 떠났다.

아미앵과 파리 사이에 있는 크뢰유 마을을 지났다. 이곳에서 콩데 왕자 부처가 아무 걱정 없이 지내고 있었다. 나는 왕자께 몰타의 기사단장에게 편지 한 장을 써달라고 간청했다. 왕자는 내게 그 편지와(불과 몇 줄

짜리였다) 300레알레를 주었다. 계속 남쪽으로 내려간 나는 부르고뉴 땅 샬롱 시로 들어갔다. 그 성벽을 따라 강이 흐르고 있었다[손 강 상류].

내가 따라내려온 길과 통하는 성문이 닫혀 있어 강변을 따라 또 다른 문으로 들어갔다. 나도 모르게 유심히 요새를 살펴보면서 걸어갔다. 실수였다. 이 모습이 눈에 띄었던 모양인지 성문으로 들어갈 때 붙잡혔다. 나야 아무 짓도 안했으니 배낭을 내놓지 않으려 했다. 그랬더니 그들이 소리쳤다.

"빌어먹을 스페인 첩자!"

가장을 하더라도 스페인 사람은 항상 눈에 띄게 마련이다. 옥신각신하며 다투다보니 배낭이 쏟아지고 지팡이에 숨긴 검도 발각되었다! 이에 그들은 내가 틀림없는 첩자라고 믿었다. 그들은 나를 감옥으로 끌고 갔고, 거기에서 문초를 했다. 그러면서 무기를 숨기고 있었으니 다른 무슨 증거가 필요하냐며 목매달자고 주장했다. 나는 내 증명서들과 대공의 휴가증을 내보였지만 소용없었다. 마침 그곳에 결혼해 살던 한 스페인 사람이(배신자로 낙인찍힌 플랑드르 정주민은 스페인으로 돌아가 살 수 없었다) 동포로서 나를 불쌍히 여겨 이런 말을 했다.

"이보시게, 조심해야지. 이 사람들은 당신 목을 매달려 하지 않소. 내가 뭐든 도울 일이 있겠소?"

처음에는 그가 놀리는 줄 알았지만 그 말은 진심이었다. 이렇게 터무니없이 죽을 수는 없어 미칠 것만 같았다.

"내게 콩데 왕자가 몰타 기사단장에게 내준 추천장이 있습니다. 내가 어디로 가는지, 첩자가 아닌지도 알 수 있겠지요."

그러고서는 추천장을 건네주었다. 아이고 하느님! 무척 작아서 찾아내는 데 애를 먹었다. 그는 그것을 받아 행정관에게 전했다.

한편, 나는 불안해 안절부절못했다. 한 시간 뒤, 감옥으로 한 무리의 사람들이 들이닥쳤다. 그들이 "스페인 놈 어디 있어? 불러와"라고 외치는 소리를 들으며 나는 이미 무자비하게 해코지 당할 상상에 오싹했다. 끌려간 곳 앞으로 법관들이 있었다. 그들은 프랑어로 말했다.

"따라오라."

그렇게 여관으로 끌고 가더니 칼뱅교도인 주인에게 나를 잘 대접하라고 했다.

그 이튿날, 두 경기병과 함께 나는 말을 타고 리옹까지 연행되었다. 가는 길에 단 한 푼도 쓰지 않고 먹을 것을 제공받았다.

리옹에서 총독에게 인계된 나는 그곳에서도 여관에 묵으며 환대받았고 또 다른 두 경기병에게 이끌려간 사부아 공작의 땅, 샹베리에서 그들은 나를 풀어주었다. 나는 주네브 방향으로 길을 걸어 그곳에서 배를 타고 나폴리로, 또 팔레르모까지 건너갔다. 오수나 공작이 그곳의 부왕副王이었다. 나는 공작께 문안을 드렸다. 그러자 그는 100두카트를 내놓았다. 내가 휴가중인 줄 알았기 때문이다.

그러나 이런 호의에도 불구하고 누군가 내 등을 찌르려는 자가 있었다. 부왕이 나의 옛날 살해 전력을 구실로 나를 잡아들이라는 명을 내렸다고도 했다. 사실이 아닌 것으로 판명났지만, 아무튼 그 확인을 기다리고 자시고 할 틈도 없이 배에 올라 몰타로 건너갔다. 나를 몹시 반긴 곳이었다. 나는 즉시 범선에 척후대원으로 올랐다. 우리 함대는 당시 바르바리 지역, 케르케나 군도[튀니지]로 원정길에 올랐다. 때는 1611년이었다.

## 기사단원이 되다

그 항로에서 유용한 정보를 수집했다. 총회가 소집되었고 그 자리에서 나는 카스티야 수도원 소속의 기사를 보조하는 병과兵科수사가 되었다.* 이렇게 임명받는 데 아무런 증거도 필요 없었다. 총회에 참석한 200여 명이 만장일치로 나를 뽑아주었다.** 신참수업을 마치고 나서 복장을 갖추고 착복식을 했다. 그러나 기사 몇은 내가 공공연한 살인을 저질렀던 직이 있었다면서 갑론을박했다. 그러나 결국 단장의 명으로 임명되었다. 신참 시절에 나는 한 번 말썽을 피웠다. 건방진 이탈리아 기사와 다투었는데 나에게 잘 대해준 기사 편을 든 것이었다. 아무튼 이탈리아 기사는 내게 총을 두 발을 쏘았지만 모두 빗나갔다.

나는 스페인으로 가도 좋다는 허락을 받았다. 교단의 갤리선을 타고 카르타헤나[지중해 연안 무르시아 지방 항도]까지 갔다. 다투었던 기사도 동승했는데 나는 일전 한 푼 낭비하지 않았다. 아무튼 그 길에 내게 벌어진 일을 이야기하자면 제노아 시내의 모든 종이를 다 모아도 부족하리라!

기사는 나를 마드리드까지 데려다주었다. 거기에서 그와 헤어진 나는 기사단원 복장으로 모두의 환영을 받았다. 물론 좋아하는 사람도 있었지만 질시하는 사람도 있었다. 나는 국방위원회에 중대를 부탁했다. 그러자 나를 해군함대로 보냈다. 나는 그곳에서 마드리드로 다시 휴가를 얻어

---

* 기사마다 2인의 수도사 조수가 붙는다. 각각 말과 무기를 관리한다. 창검을 담당하는 병과수사는 17세기에 별도의 전투를 수행하는 승병으로 독립한다.
** 성 요한 기사단에는 계급이 셋 있다. '정의의 기사'는 세습귀족 출신이다. '사제(성당전속)'는 수도사와 탁발승이다. 알론소가 속한 '병과수사'는 기사의 지휘를 받는다.

돌아올 때까지 수많은 모험을 겪었다.


## 유부녀와의 추문

그 무렵 나는 어떤 유부녀에게 사로잡혔다. 우리는 며칠간 친하게 지냈
다. 그러던 중 내가 아는 또 다른 유부녀가 우리의 관계를 시기해 악담을
해댔다. 이에 나는 몹쓸 추태를 부리고 말았다. 나는 악담을 퍼트린 여자
집을 찾아가 남편이 보는 앞에서 그녀의 면상을 칼로 그어버리려 했다.
단검을 빼들자 여자는 내 단호한 모습에 얼굴을 다리 사이로 파묻었다.
흥분한 나는 그녀의 치맛자락을 들추고 엉덩이에 멜론을 베듯 칼을 그어
자국을 냈다. 남편은 급히 검을 들고 내게 달려왔다. 그는 근처 가게 일
꾼이었다. 마드리드에 무장 순찰대가 많아 금세 나를 붙들러 몰려왔다.
나는 어느 집 문간에 서 있었다. 누구든 덤빈다면 내 칼을 면치 못할 것
이었다. 시간이 갈수록 시 당국과 궁정 순찰이 늘어났다. 그들은 돈 파리
나스라는 궁정 행정관까지 끌어들였다. 그는 헌병 한 무리를 거느리고 내
게 모자를 벗어 예의를 갖추어 말했다.

"검을 거두시게."

나는 이렇게 받아쳤다.

"그렇게 정중히 말씀하시는데, 내 목이 달아나지 않기만 한다면 그리
하리다."

내가 그렇게 검을 거두자,

"도망치지 않고 나와 함께 가겠다고 약속만 하시게."

라고 했고, 나는 이렇게 답했다.

"요구대로 한 사람에게 약속 따위가 뭐 필요하겠소. 어디든 가겠소."

우리는 나란히 길을 걸어 궁정 감옥으로 갔다. 그는 이렇게 말했다.

"내가 카스티야 수도원장이신 왕자님께 보고드릴 때까지 여기 계시게!"

라면서 간수를 불러 이렇게 말했다.

"특실로 모셔!"

그러고 나서 또 한 마디 했다.

"하느님의 가호를 빌게! 이따 저녁에 보자구."


### 마드리드 감옥에서

간수가 내게 말했다.

"제노아 기사단의 방에 함께 들어갈 텐가?"

나는 그러겠다고 했다. 기사들도 선선히 동의했다.

나는 카스티야 비서에게 급히 쪽지를 전해 무슨 일인지 알렸지만 그는 벌써 알고 있었다. 제노아 기사들은 먹을 것도 주고, 푹 잘 수 있도록 바닥에 깔 것도 가져오라고 했다. 괜찮은 깔개였다. 자정에 행정관이 절도범을 취조하러 왔다. 그 길에 그는 내 안부도 물었다. 나는 이렇게 답했다.

"내가 언제 기사단원이 되었는지 잘 아시지 않소. 자유롭게 당신 앞에 걸어다닐 수조차 없고, 우리 수도원장께 심판받게 해주시오."*

* 몰타 기사단은 일반법원에서 재판받지 않는다. 할 수도 없다.

그러자 그는 이렇게 답했다.

"그렇게 시간을 벌려고 하는가."

이에 나는 다시 하소연했다.

"내 맹세코 부탁하니 내 말대로 합시다."

이런 상황에서 행정관은 가버렸고 나는 잠을 청했다.

다음 날 아침, 행정관이 헐레벌떡 와서 옷을 입으라면서 법원에서 나를 기다린다고 했다. 나는 말했다.

"그 사람들이 어떻게 나를 재판한다고. 안 가겠소."

그는 법원에 이 말을 알렸다. 금세 그들이 갤리선 노예 여덟 명을 보내 나를 감방에서 끌어냈고, 끌고 간 나를 법정 한복판에 앉혔다. 그들은 법정의 상투적인 말을 늘어놓았고 나는 거칠게 받아쳐 결국 지하 독방에 처박혔다. 복도를 지나면서, 나는 우리 기사 둘, 회계관 한 사람과 마주쳤다. 기사단 권리로 내 신병을 인수하러왔던 것이다. 그들은 어느 방으로 은밀히 자기네끼리 행정관 한 사람을 국방위원회에 보내 이 사건의 전말을 보고하기로 합의했다. 발렌수엘라라는 행정관이 궁정으로 들어갔다. 그는 정오에(그 사이 법정은 휴정했다), 내가 지금도 복사해 지니고 있는 칙령을 가져왔다. 이런 어명이었다.

"알론소 데 콘트레라스 상사를 수도원장(즉 기사단장)에게 인계하라. 그가 교단에 서약한다는 조건으로 그의 친필 진술서를 완비해 함께 넘긴다. 행정관은 차후에 교단의 공식 보증서를 받아둔다."

이렇게 해서 나는 다시 정복 차림으로 법원에 불려가 기사단원증을 내놓았다. 그들이 그것을 기록하고 나서, 다시 기사들에게 넘기고 나서 나를 구치소로 집어넣었다. 나는 수도원회의에서 2년간의 유배 선고가 떨어질 때까지 그곳에 있었다. 그 유배기간에 나는 함대에서 일했다.

그렇게 2년을 보내고 나서 나는 다시 국방위원회에 중대를 간청했다. 중대장 마흔 명이 임명되었지만 나는 운이 없었다. 나는 마드리드를 떠나 몰타로 가기로 했다. 차라리 그곳이 더 나을 것 같았다. 몰타로 가던 기사를 우연히 만나 그와 함께 동행했다. 바르셀로나에서 우리는 제노아행 배에 올랐다. 다시 제노아에서 육로로 로마로 내려갔고 머지않아 도착했다.


## 로마에서 독약에 중독되다


로마는 따분했다. 어느 날 나는 지독한 고열로 발걸음이 무거웠지만 스페인 여자들이 있는 곳을 찾아 시간을 보내려 했다. 그때 이탈리아 신사 둘이 들어왔다. 나와 그 집 안주인도 모르는 사이에 하인이 그들에게 문을 열어주었던 것이다. 방에 들어서자 그들은 내게 물었다.

"여기서 뭐하는 거야?"

"여기 숙녀들과 환담하고 있지. 동포니까."

그들은 썰렁하게 내뱉었다.

"꺼져!"

창피하게, 그렇게 자리를 뜰 수야 없지 않을까. 그래서 나는 못 들은 척하고서 숙녀와 계속 잡담을 나누었다. 그러자 그들이 이런 말을 했다.

"계단 밖으로 굴러봐야 알겠어?"

나는 참을 수가 없어, 검을 빼들고 놈들을 계단 밑으로 굴려버렸다. 한 놈은 대가리가 더럽게 터졌다. 그들의 고함에 순찰대가 달려왔다(로마 시내에 득실거린다). 우리 모두는 마차에 실려 관가로 끌려갔다. 그 자리에서 사태를 해명하고 나서 여자들과 신사라는 친구들이 내게 화해를 청했다. 이에 각자 자기 집으로 돌아갔다.

그런데 나를 죽일 용기는 없던 이 사내들이 내가 묵던 집 주인과 공모하고서 주인 편에 내게 고열을 낮추고 싶다면, 나흘 만에 싹 낫게 하는 명의가 있다고 완치할 때까지 돈도 받지 않겠다며 권했다. 몸이 나아지길 바라던 나는 "데려와 보라"고 했다. 그 이튿날 주인은 의사가 왔다고 했다. 그는 내 방으로 들어왔는데 성직자 복장이었다. 그는 어디가 아픈지 묻더니 이렇게 말했다.

"나흘 안에 좋아질 거요. 하느님이 곁에 계시잖소, 내일 다시 오리다. 침대에서 일어나지 말고."

그가 떠나자 주인이 말했다.

"로마 최고의 명의요. 조요사 추기경의 주치의요."

이튿날 천사인지 악마인지 모를 그 의사라는 자가 다시 왔다. 그는 작은 포도주 병과 무슨 가루약 봉지를 꺼내고 사발 하나를 달라더니 거기에 가루와 포도주를 섞어 흔들고 나서 이렇게 말했다.

"드시지."

나는 그렇게 들이마셨다. 다 마시고 나자, 그가 말했다.

"자, 이불 푹 덮고, 다 나은 것이나 다름없으니."

그가 나가고 나서 15분도 안 되어, 이가 덜덜 떨리고 창자가 비틀리기 시작했다. 완전히 탈진상태였다! 이제 개처럼 죽는구나 싶었다. 나는 고해신부를 불러달라고 했다. 위로는 다 게워내고 밑으로는 시커먼 것을 쏟아냈다. 내 동료 기사가 스페인 대사관으로 쫓아가 의사를 불렀다. 포르투갈 의사인데 그가 즉시 달려왔다. 그에게 사태를 설명했다. 그는 내가 위아래로 배설한 것을 살피더니 약을 처방했다. 너무 아파 고생했지만 최악의 고비는 지난 듯했다. 그는 내 위장이 대단히 튼튼하다면서,

"그 가루를 호두알만큼만 먹이면 큰 노새라도 한 시간 안에 죽을 거요."

그런데 나는 한 숟가락 잔뜩 채워 삼켰으니!

의사는 내가 다시 일어나 걸을 때까지 왕진했다. 그가 사고를 친 돌팔이 의사를 붙잡으려 하자 주인이 말했다.

"나는 몰라요. 그 사람이 봉사하겠다며 찾아왔지. 자기가 추기경 주치의라면서. 나야 뭐 나리가 잘 낫기나 바랐는데."

아무튼 그 돌팔이는 다시 보이지 않았고, 나는 틀림없이 계단에서 쓰러트린 두 사내가 그 자를 보냈을 것이라 생각했다. 그렇게 미결로 남았다. 나는 몸이 나은 기분이 들자마자 동료와 함께 나폴리와 메시나를 거쳐 몰타로 들어갔다.

12장

# 스페인 본토에서
# 보병 중대장 생활

몰타에 도착하자 스페인에서 날아온 편지들이 기다리고 있었다. 하나는 국왕폐하가 기사단장에게 전하는 것으로, 내가 전에 탈락했던 스페인 보병 중대를 내게 맡기도록 하자는 내용의 칙서였다. 여덟 명이 임명된 자리 중 하나였다. 또 다른 편지는 국방위원 바르톨로메 데 아냐야가 이런 사실을 내게 알리는 공문이었다. 보름 안에 도착해야 하니 출발 준비를 서둘렀다. 단장은 내게 가는 길에 마르세유에 들러 기사단 갤리선 두 척에 은밀히 카르타헤나로 떠나라는 밀명을 전하라고 했다. 그곳에서 기사단 몫의 20만 두카트를 몰타로 운반하도록 하라고.

나는 바르셀로나를 거쳐 마드리드에 도착했다. 몰타를 떠난 지 27일 만이다. 그런데 도착해보니 플랑드르 중대장이던 내 사촌이 내 중대를 이끌고 오수나[남부 안달루시아 지방]로 떠난 뒤였다. 자기가 중대장에 임명되지 못하자, 사촌은 내가 지휘할 중대를 차지하려 했고, 내가 멀리서 배를 타고 오자면 제때 도착하지 못할 것이라는 생각에 그렇게 해버린 것이었다. 내가 언제 올지 모른다며 국방위원도 여기에 동의했다. 하지만 나는 서둘렀기에 늦게 오지 않았다. 넉 달 전 바로 이곳으로 필리핀 제도로 향하는 배에 오를 예정일 때도 그토록 빨리 달려오지 않았던가. 나는 오수나로 향했다. 마드리드에서 받은 임명장을 들고 갔다. 이미 중대장 노릇을 하던 사촌은 나를 보자 죽을 맛이었다.

## 오수나에서 다시 독살 위기를 넘기다

우리는 서로 왈가왈부했다. 나는 그에게 사촌이자 친구로서 최선을 다했다. 그는 끝까지 중대를 맡겠다고 고집했다. 그를 믿었기에 나는 그의 빌어먹을 속셈도 몰랐다. 사실 그는 내 어린 마부를 꼬드겨 내게 비소를 먹여 죽이려 했다. 처음에 마부는 삶은 계란 두 개를 껍질을 벗겨 으깬 뒤 거기에 설탕과 함께 비소를 뿌렸다. 나는 평소처럼 멍청하게 그것을 빵에 발라 먹었다가 한 시간 뒤 죽을 듯 역겹고 메스껍다가 토해버렸다. 의사들을 불렀고, 그들은 내가 밤에라도 숨을 거둘까봐 고해를 하도록 했다. 마을 사람 모두가 동정했다.

자정에 그들은 훌륭한 과일 주스를 내게 먹였다. 엉뚱한 어린 마부는 나으셔야 한다면서 되레 가게에서 비소가루를 동전 10개 분량쯤 더 구해 또다시 거기에 넣었다. 나는 그것을 마시던 중 목에 네 군데나 상처가

나 더는 삼키지 못했다. 의사들은 환장해버릴 지경이 되어 내게 무엇을 주었느냐고 가게주인을 다그쳤다. 가게주인은 "처방대로 했습니다"라고 했다. 의사들은 내게 토제를 먹였다. 쓸데없는 일이었다. 본능적으로 약이 없이도 다 토해냈으니 그것이야말로 진짜 약이었다. 아침에 시내에서 유지들을 대동하고 지역사령관이 나를 보러왔다. 그는 나를 자기 자택에서 식사하도록 조치했고, 내게 묻지도 않고 내 숙소에 있던 여자를 체포했다.

저녁때가 되었다. 그 깜찍한 어린 마부가 음식을 구하러 나간 길에 그속에 또다시 비소를 집어넣었다. 그것을 먹은 나는 즉시 똑같은 구역질을 시작했다. 결국 이전에 먹은 것에 문제가 있었다고 생각했다. 하지만 모두 토해버렸으니 남아 있는 것이 없었다. 그런데 니에토라는 병사가 있었다. 8월이라 그가 내 곁에서 파리를 쫓으며 보살폈다. 그는 속이 조금 시원치 않았다. 그는 내게 말했다.

"남는 것은 절 주세요. 먹는 것은 문제없습니다. 아무튼 금요일 저녁 아닙니까."

이 불쌍한 친구는 그것을 먹고 나서 오후 5시밖에 안 되어 죽고 말았다.

이런 난리에도 사촌은 나를 보러오지 않았다. 어린 마부는 행정관 집을 찾아갔다. 행정관에게 내 옷가지를 나눠주도록 맡겨놓았다(유언이나 마찬가지였다). 또 내 궤짝 열쇠도 그에게 맡겼다. 마부는 행정관에게 말했다.

"나리, 우리 주인께서 궤짝 열쇠를 받아와 그 속에 든 묵주를 꺼내오라 하셨습니다."

이 말은 사실이었다. 행정관은 열쇠를 내주었다. 그렇게 마부는 600레알레와 250캐럿짜리 몰타의 큰 십자가, 내의, 목도리 등을 챙긴 그날 도통 얼굴을 보이지 않았다.

저녁에 행정관이 나를 보러와 "좀 어떤가?" 물었다. 나는 "괜찮소"라고 했다. 마부가 더는 음식에 비소를 넣지 않았기 때문이다. 행정관은 내게 묵주의 효과를 본 것이냐고 물었다.

"묵주라니?"

"하인 아이가 궤짝 열쇠를 주지 않습디까?"

"아니 못 받았소."

"그래요? 내가 줬는데."

아이를 찾게 했고 그 녀석과 함께 세비야로 가기로 했던 노새꾼의 집에서 녀석을 찾아냈다. 내 앞에 끌려온 아이에게 열쇠가 어디 있는지 물었다. 아이는 열쇠를 내놓았고 우리는 궤짝을 열었다. 텅 비어 있었다. 내가 물었다.

"여기 있던 것이 죄다 어디로 갔어?

"제가 감춰뒀습니다."

아이를 앞세우고 모든 것을 되찾았지만 26레알레가 모자랐다. 나는 "주머니를 뒤져보라"고 했다.

그러자 비소가 든 봉투가 나왔고 여주인이 소리쳤다.

"아이고, 나리. 나리께 이걸 먹였군요!"

비소를 알아본 나는 이 당돌한 녀석에게 물었다.

"못된 놈! 내가 네게 어떻게 했는데. 비소로 나를 죽이려 해?

"이 봉지는 길에서 주웠어요."

나는 행정관에게 말했다.

"나리, 이 잡놈이 이실직고하도록 형리를 불러주시오."

"수감해서 정식 재판에 넘기는 것이 낫지 않겠소. 취조하면 누가 부추겼는지 알게 될 테니."

좋은 제안이었다. 나는 이틀간 코빼기도 못 본 사촌을 불렀다. 그에게 네 사람을 붙여 어린 마부를 감옥으로 끌고 가게 했다. 겁을 먹은 사촌은 순순히 그렇게 하도록 했다. 하지만 그 자신이 이 모든 불행의 배후였으니까, 그는 마부를 산도 도밍고 성당으로 데려가 숨겨두었다. 이것이 전부가 아니었다. 그는 수도사들에게 마부를 절대 넘겨주지 말라고도 했다. 그렇게 되면 아이가 교수형을 당할 것이라고. 이 말에 수도사들은 그날 밤으로 마부를 세비야로 보냈다.

나는 비소 때문에 앓던 몸이 차츰 좋아졌다. 하느님의 뜻이었다. 내가 다시 일어나자 마을 사람 모두 기뻐했다. 나는 병사 여섯을 데리고 세비야로 향했다.

그 고약한 마부를 어렵지 않게 찾아내 오수나로 끌고 왔다. 이곳에서 본때를 보여주려 했다. 심문에 들어가자 마부는 중대장 명이었다고 실토했다. 큰 선물을 주겠노라 했다고. 사람들은 마부의 목을 매려고 했지만 그는 매우 어렸다. 감옥의 기둥에 묶고 체형(채찍 100대)으로 벌했다. 비소를 음식에 넣은 못된 짓에 대한 징벌로 양 손가락을 두 개씩 잘랐다.

죽음을 예상하고 고해했을 때 나는 신부 앞에서 누가 그런 짓을 했든 하느님의 용서를 빌었다. 고해신부는 중대장 때문인 줄 알고 있었다. 사령관은 중대장에게 책임을 물으려고 했다. 하지만 나는 동의하지 않았다. 하인 마부가 실토했을 때 중대장을 불러 오게만 했다. 나는 그에게 말했다.

"하느님께서 자네와 함께 하시니, 이유는 묻지 않을게. 필요한 것이 있으면 말해봐, 내가 줄테니."

그는 유령처럼 핼쑥한 얼굴로 금세 떠났다. 내 말이 쓸모없지 않았던 것 같다. 그가 인도로 건너갔다는 소문을 들었다. 그리고 다시는 스페인에 나타나지 않았다.

그뒤로 나는 2년 가까이 손발의 마비와 경련에 시달리면서 힘도 제대로 쓰지 못했다. 의사들은 내가 죽지 않은 것이, 위장에서 독에 면역력을 보인 덕이라고 했다. 얼마 전 로마에서 독살당할 뻔했던 일이 액땜이 되었던 셈이다.


## 스페인에서 맡은 임무


헌병대장이 찾아와 우리 중대의 사열을 받고 나서, 우리는 산루카[안달루시아 지방 카디스 주의 수도]로 행군했다. 그곳에 필리핀 제도로 갈 함대가 기다리고 있었다. 나는 갤리선 라 콘셉시온에서 그곳으로 가는 세 개 보병 중대를 지휘하게 되었다.

우리는 산루카를 떠나 최종 출발지 카디스 항에 입항했다. 이 항구에서 다시 필리핀 제도로 갈 것이었다. 그런데 이렇게 대기중에, 다른 왕명이 떨어졌다. 필리핀으로 가지 말고 일등함대로 가라는 것이었다. 우리는 이등범선 함대와 모든 스페인 갤리 함대와 함께 지브롤터까지 항해했다. 필리베르 왕자가 총사령관이었다. 그곳에서 홀란드 함대를 기다릴 것이라 했다.

카디스 항 입구에 '다이아몬드'라고 하는 열네 뼘밖에 안 되는 물 밑 암초가 있다. 거기에 군함이 좌초하곤 했다. 재수 없게, 우리 배도 거기에

산루카의 현재 모습, 산티아고 성이 보인다.

걸려 함대에서 멀어졌다. 다행히 물에 빠진 대원은 없었다. 함대 보트*들과 산타 크루스 후작의 기함까지 달려와 우리를 구조했다.

필리베르 왕자는 나를 잡아들이라고 했다. 나는 범선으로 연행되어 그곳에서 이 항해 내내 붙들려 있었다. 군사위원**이 내 탓이 아니라면서 석방시켜줄 때까지 땅 한 번 밟지 못했다.

우리 전함 몇 척은 지브롤터와 스파르텔 곶[마로크 쪽] 사이의 해협을 몇 달 동안 오락가락했다. 예상했던 홀란드 함대는 오지 않았다. 1616년 1월과 3, 4월간의 일이다. 필리핀에서도 간절히 기다리고 있었기 때문에 함대는 갈라져 원래 그곳으로 파견하려다 못 갔던 배들은 필리핀으로 향했다. 범선 여섯 척은 일등함대에 배속되고 세계 최강이던 보병은 롬바르디아로 출정하는 돈 카를로스 데 이바라 군으로 들어갔다. 이 보병대 2500명을 돈 페드로 에스테반 데 아빌라가 지휘했다. 나는 다른 중대장과 함께 스페인에 남았다. 산타 크루스 후작에게 다음과 같은 왕명이 떨어졌기 때문이다.

"롬바르디아 연대 보강이 필요하다. 돈 페드로 에스테반 데 아빌라는 콘트레라스 중대와 코르네호 중대를 직할대로 편입한다. 항해 경험이 있는 이들은 스페인에 남아 차후의 전력 양성을 맡는다."

잔류한 우리는 후작을 따라 마드리드로 들어갔다. 6개월 뒤 나는 마침내 서인도식민군사정부군[총독의 군대]을 위해 즉시 세비야로 떠나라는 명령을 받았다. 세부적인 임무는 가는 길에 받게 될 것이었다. 서인도식민

---

* 샬루프. 갑판이 없고 노를 젓는 작은 배. '롱보트'라고도 한다.
** 권력구조로 본다면 왕명을 대신한다. 오늘날 보안부대장과 비슷하며 더욱 막강했을 것이다.

지 군사고문 돈 페르난도 카리요는 나를 불러 500에스쿠도를 주었다. 같은 날 저녁에 나는 세비야로 가는 노새에 올랐다.

코르도바에서는 세비야 보충대장을 만나라는 명을 받았다. 그를 만나자 다시 산루카로 가서 메디나 시도니아 공작*의 지휘를 받으라고 했다. 나는 공작 각하를 알현했다. 그는 내게 카디스 사령관에게 보낼 밀명을 맡겼다. 그러면서 아침 9시에 보병을 태울 갤리선 두 척이 대기하고 있을 것이라고 했다.

카디스에서 사령관을 만났다. 내가 전한 밀명은 자신이 통솔하는 해군에 쓸 자금을 국고에서 꺼내 쓰라는 허가장이었다. 사령관은 나더러 소집된 대원들 가운데 두 척의 갤리선에 승선할 200명을 선발하라고 했다. 장교와 부사관도 전혀 없이 나 혼자서 맡아야 했다. 이 모든 일은 극비리에 진행되었다. 그렇지 않았다면 단 한 명도 승선하기 어려웠을 테니까. 이곳 함대와 보병은 안달루시아에서도 가장 교활하고 험악한 건달들이기 때문이다.

나는 공작이 400톤급 범선 두 척을 정박해둔 산루카로 떠났다. 그 배에 대포와 식량 외에 화약과 심지와 납 등 현지 보급품이 있었다.

산루카에서 공작은 내게 보병을 범선에 승선시키라고 했다. 나는 한 척에 100명씩 둘로 나누었다. 그들은 급히 승선해 어떻게 된 영문인지도 몰랐다. 궁에서 파견한 또 다른 중대도 도착했고, 우리는 홀란드 군에 점령

---

* 제7대 메디나 시도니아 공작이다. 무적함대의 불운한 주인공. 실명은 알론소 페레스 데 구스만 엘 부에노 이 수니가(1549~1619). 왕국의 실세로서 군사령관이었다. 당대 유럽 최고 거부의 한 사람이었다. 봉토 외에도 그는 이베리아 반도 이외 지역의 수많은 군영을 관할했다. 국왕 펠리페 2세는 그가 해전에 완전히 무식한데도 무적함대 총사령관을 맡기고, 공작은 왕명에만 충실하다가 해전 사상 가장 참담한 치욕을 남겼다.

메디나 시도니아 공작. 17세기 유화, 작자미상.

된 서인도의 푸에르토리코에 원군으로 급파되었다.


## 골칫거리를 해결하다

구아달키비르 강 하구의 포수엘로스 항에서 최종 출항 명령을 기다렸다. 오랫동안 애인과 떨어져 있게 될, 억지로 승선한 병사들은 아무튼 안달루시아의 가장 고약한 살인자들이었다. 이들은 내게 공공연히 험담을 퍼부었다. 내가 "자 선실로 내려들 가! 날이 저물었어"라고 하는 말에 이렇게들 받아쳤다.

"우리가 종일 둥지에서 알이나 품는 암탉인줄 아쇼? 그냥 좀 냅두쇼."

과연 이 항해가 어떻게 될지 고민이 되어 뜬눈으로 밤을 새웠다. 해병 열다섯, 포병 여섯을 빼놓고 나면 내 편은 한 명도 없었다. 보병 100명이 내게 적대적이었다.

하는 수 없이 꾀를 냈다. 가장 말썽꾼으로 보이고, 병사들이 무서워하는 자를 점찍었다. 항시 허풍쟁이들이 복종하는 이런 자가 있기 마련이기 때문이다. 나는 그를 불렀다.

"어이! 후안 고메스, 이리 와보게."

나는 그를 선미의 내 선실로 불러들였다.

"국왕폐하께 얼마 동안 충성했나?"

"5년쯤, 카디스와 라라슈[모로코 북부 항도]에서. 배도 한 번 탔지."

"그래 좋아. 자네가 맘에 드네. 그런데 자네에게 깃발을 맡겨 선봉장으로 삼지 못하고 있으니 안타깝구면."

17세기 라라슈 항구 정박장.

이에 희색이 만면한 그는 이렇게 말했다.

"다른 녀석들[에 맡겨봐야], 나보다야 고약하겠지."

"그래, 자네가 우리 중대 선임하사를 맡고 싶으면, 상륙하고 나서 지원해봐. 미늘창 살 돈이 없으면 내가 주지."

"그까짓 50페소는 있소. 이런 명예에 써야지 않겠소."

상륙하면 은전 200레알레를 받을 자들이 있었다. 나는 그에게 병참하사에게 전할 쪽지를 주었다.

"어서 가봐, 선임하사가 될 길이니. 자네를 믿는 줄 잊지 말고."

그는 보트를 타고 상륙해 자리를 부탁하고 나서 즉시 선임하사용 미늘창을 들고 돌아왔다. 배에 있던 겁 없는 악당들이 선임하사가 된 그를 보고서 자기네 계획대로 척척 맞아 돌아간다 생각했다. 그러나 나는 내 계획을 실행에 옮겼다. 선임하사가 된 그를 내 방으로 불러들여 이렇게 말했다.

"이제 자네는 전과 달라. 사소한 경거망동도 사관에게는 배신행위일세. 병사와 차원이 다르지. 제일 위험한 이 말썽꾼들을 어떻게 다룰지 한번 말해보지 그래."

"염려 푹 놓으쇼. 불쌍한 놈들 아닙니까. 칼데론과 몬타네스야 진짜 사내지만."

"그러면, 이따 밤에 집합시키고, 검을 들고 내 옆에 있게."

"어쩌서요? 몽둥이(갤리선 노예 다루던)면 될 텐데."

"아냐, 병사는 몽둥이로 다스리는 것이 아냐. 까불면 검으로 다뤄야지."

밤이 되고, 나는 늘 하던 대로 "자, 내려가. 잘 시간이야"라고 했고, 그들도 입에 붙은 건방진 말로 투덜댔다.

"좀 냅둬!"

칼데론 옆에 있던 나는 검을 들고 대갈통이 깨져 뇌가 보일 정도로 그를 후려치며 말했다.

"건방진 놈들, 내려가!"

그러자 하나씩 일순간 방으로 양처럼 기어내려가기 시작했다. 누군가 말했다.

"대장, 칼레론이 죽어요!"

"고해하라고 하고 바다로 던져!"

그러면서도 나는 붕대를 매주도록 했다. 그리고 곧장 몬타네스에게도 일격을 가했다. 이렇게 하고 나니 모두 싹 얌전해져, 항해 내내 "죽겠구먼!" 같은 소리 한 번 듣지 않게 되었다. 어떤 자든 문제를 일으키면 머리 위에 14킬로그램 무게의 투구를 씌우고 흉갑을 입힌 채 한 시간씩 서 있도록 했다.

이런 벌칙을 다른 배의 중대장에게도 알려주었다. 그런데 우리 배에서 무슨 일이 일어난지 알게 된 자들은 출항하고 나서, 아레나스 고르다스 [안달루시아] 해안에 당도해 도망치려던 계획과 만약 내가 저지하면 나를 죽이려던 계획도 포기했다.

13장
# 서인도 제도 항해

우리는 출항해 46일간 카나리아 제도만 딱 한 번 보고 망망대해를 건너 끝에 마르티니크 섬*에 도착했다. 이곳에서 생수를 보충했다. 원주민 몇도 보았다. 몹시 야만스러운 자들이었지만, 우리 선단이 자주 드나들다보니 익숙해져 안심하고 해안까지 내려왔다. 어쨌든 누구도 상륙할 엄두를 내지 못했다. 야만인이 우리 선원을 잡아먹은 적이 있었기 때문이다. 나는 기수를 돌려 또 다른 황량한 섬 버지니아 군도로 건너갔다. 그 뒤, 푸에르토리코 해협으로 접어들었다. 영국, 홀란드, 프랑스 사략선과

---

* 카리브 해의 섬. 1502년 콜럼버스가 도착한 이후, 17세기 중반부터 프랑스 영토가 되었다. 원주민은 "이구아나의 섬"이라고 불렀다.

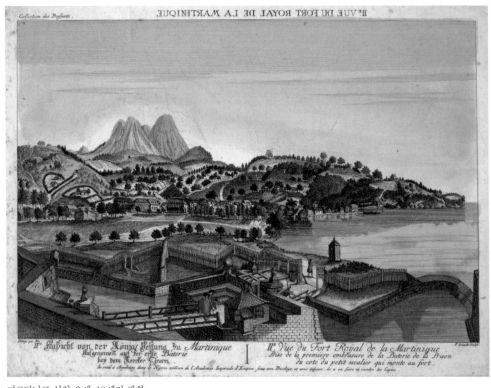

마르티니크 섬의 요새. 18세기 판화.

해적선이 출몰하는 곳이다. 밤에 이곳으로 들어온 나는 그곳의 훌륭한 정박장에 범선들을 남겨둔 채 무장한 보트를 타고 정찰에 나섰다. 아무 배도 없었다. 우리는 새벽에 푸에르토리코 항만까지 들어갔고 깃발을 휘날리며 입항했다. 섬의 지역사령관 돈 펠리페 데 비아몬테 이 나바라의 환영을 받았다. 그는 말했다.

"아니, 영국 해적 월터 롤리를 피해 왔다니 기적일세. 크고 작은 전함 다섯 척으로 이 앞 바다를 누비면서 매일같이 우리 배를 노략질하곤 했는데."

내가 화약을 내려놓자, 그는 그토록 기다리던 것이라 탄성을 질렀다. 심지, 납, 화승총 등이 줄줄이 나오자 사령관은 대만족이었다. 그는 요새를 보강하려는 목적으로 병사 마흔 명을 요구했다. 그러자 나는 난생처음 겪는 반대에 부딪혔다. 사령관의 바람과는 달리 단 한 명도 배에서 내리려고 들지 않았다. 그들이 옳기는 했다. 영원히 노예살이를 하다시피 할 테니까. 나는 이렇게 말했다.

"이것 봐, 여기 마흔 명을 떨어뜨릴 수밖에 없단 말이야. 그래, 나도 단 한 명 버릴 수 없으니 어쩔꼬. 자네들끼리 알아서 운을 가려야지. 내 하인이라도 운명이 정한다면 어쩔 수 없어."

병사 수만큼 쪽지를 만들고 그중 마흔 개를 까맣게 칠해 제비뽑기에 들어갔다. 그것을 단지에 넣고 흔들었다. 그런 다음 차례로 병사를 호명했다.

"한 장씩 꺼내, 검은 쪽지면 남는 거야."

이렇게 해결했다. 검은 쪽지를 뽑았을 때 그 꼴은 차마 봐주기 어려웠다! 결국 불가피한 일임을 인정하고 그들은 자위했다. 특히 내 하인 가운데 이발사도 남아야 했다.

월터 롤리 경의 초상, 1588, 런던 국립초상박물관.

이 항구에 스페인 속령의 궁정[총독부]이 있는 산토 도밍고로 갈 선박 두 척이 있었다(그곳에 총독과 법관들이 있었다). 서인도에서 스페인 사람들이 맨 처음 몰려든 땅이다. 이 스페인 선박에 이곳에서 풍부하게 생산되는 소가죽과 생강을 실었다. 그 배들은 우리와 함께 떠났다. 나는 산토 도밍고에 환영을 받으며 입항했다. 나는 그곳 하구에 요새를 건설하라는 명을 수행하기 시작했다.


## 영국 사략선을 영국으로 돌려보내다


그로부터 이틀 뒤 영국 배 다섯 척이 머지않은 곳에 정박했다는 소식이 들어왔다. 나는 사령관에게 추격하겠다고 제안했고, 좋은 생각이라는 동의를 얻었다. 그래도 화물선 선장들은 이의를 제기했다.

"배를 잃게 된다면, 보상해야 할 거야!"

이렇게 나는 푸에르토리코에서 들어온 두 척과 또 카보베르데*에서 흑인노예를 싣고 온 한 척을 동원했다. 상선으로 위장하고 적들이 있는 곳으로 향했다.

얼마 뒤 적의 눈에 발각된 우리는 방향을 틀어 뺑소니치려는 시늉을 했다. 기세등등해진 적선은 그 즉시 모든 돛을 올려 전속력으로 우리를 잡으러 달려왔고, 우리는 계략을 부렸을 뿐이었으므로 이윽고 조우했다.

---

* 대서양의 아프리카 세네갈 앞바다에 있는 포르투갈 령 제도. 1975년에 독립해 인구 50만여 명의 '카보베르데 공화국'이 되었다. 대중가요계의 세계적 스타 '맨발의 에보라'가 이곳에 살고 있다.

산토 도밍고에 있는 산토 도밍고 대성당. 아메리카에서 가장 오래된 성당.

카보베르데 섬의 해안.

나는 뱃머리를 돌려 깃발을 올리고, 그들에게 돌진했고 그들도 밀고 들어왔다. 그들의 범선은 최상급이었다. 마음대로 접근하고 물러나고 하는 바람에 배에 갈고리를 걸 수 없었다. 마침 서로 대포를 쏘던 중에 그들의 선장 하나가 맞아 죽었다. 그들은 우리가 상선이 아니라 자신들을 쫓아온 전함이라는 사실을 뒤늦게 눈치채고 곧 도망치기 시작했다.*

영국 적선을 내쫓고 난 뒤 나는 산토 도밍고로 돌아와 요새 건설 공사를 마무리했다. 그런 뒤 쿠바로 건너가 나흘간 보루를 세우고 병사 열 명을 지키도록 배치했다.

산토 도밍고에 병사 쉰 명과 배 세 척을 남겨둔 채, 잘 무장된 소형 돛배(동항선)만으로 건너왔다. 쿠바는 섬의 이름이자 도시의 이름이다. 이 섬에 하나바, 산 살바도르 데 바야모 등의 도시가 들어섰다.

쿠바의 산티아고를 떠나오다가, 파인스 섬에서 정박한 배 한 척과 부딪쳤다. 전투는 금세 싱겁게 끝나버리고 말았다. 바로 영국 해적이었다. 이 배를 만난 덕에 해적이 어떻게 바하마 해협을 드나드는지 알게 되었다. 포로가 말했다.

"지난번 전투에서 우리 선원 열세 명이 죽었고 이 뱃길을 뚫었던 월터 롤리 선장의 아들도 목숨을 잃고 말았어. 그뒤 롤리 선장은 노획물만을 챙겨 서둘러 귀국했지."

나는 이 사실을 산 도밍고 총독과 푸에르토리코 사령관에게 전해 안심시켰다. 해적선에는 그들이 노략질한 브라질 목재와 설탕이 실려 있었다. 영국인은 스물한 명이었다. 나는 이들을 하바나로 끌고 가 스페인으로

---

* 이 부분의 기록은 특히 롤리의 전설적 사략선 활동을 사실로 입증하는 것으로서 중요하다.

이송할 선단이 도착할 때까지 그곳에 두었다.

병력과 보급품을 쿠바와 그 지역사령관 산초 데 알쿠이사에게 인계했다. 그런 뒤 카를로스 데 이바라 장군의 함선에 올라 스페인으로 귀향했다. 1618년에 떠났다가 1619년에 돌아온 것이다.


## 스페인 귀향 이후


이렇게 나는 산루카를 거쳐 세비야로 들어갔다. 그곳에서 후안 루이스 데 콘트레라스*를 찾아 병문안을 했다. 그는 필리핀으로 출항을 서두르던 중 앓아누웠다. 만나자마자, 그는 나를 자신의 휘하에 두라는 왕명을 받았노라고 했다. 나는 그 명을 따랐다. 그는 나를 보르고로 급파했다. 거기에서는 대형 범선 여섯 척과 소형 전함들을 무장하는 중이었다. 나는 선거船渠에서 배들을 끌어내 산루카까지 옮기는 임무를 맡았다. 그곳에서 식량과 필수 병기와 보병 1000여 명을 승선시켰다. 해병과 포병이야 물론이고. 함대 총사령관은 돈 소아솔라, 성 요한 기사단원인데 그의 부하들과 마찬가지로 찜찜한 얼굴로 승선했다. 결국 그들의 불운한 최후를 예감하는 듯했다. 이들은 카디스에서 좋은 날씨에 출항한 지 열사흘 만에 돌풍이 덮쳐, 항구에서 불과 32킬로미터 떨어진 곳에서 침몰했다. 이는 해군이 아닌 사령관의 실책이라고 했다. 그는 바다에 단 한 번 나가보지도 못한 인물이었다. 결국 이런 실수를 피하려고 피구에로아 제독이 새로 취임했다.

* 서인도참사회 비서. 서인도참사회는 국왕직속기구로 아메리카와 필리핀 식민지 정책을 관장했다.

소아솔라 함대는 같은 해역에서 침몰했다. 기함에서 판자 한 쪽 건지지 못했다. 배에는 800톤이나 나가는 무게의 무거운 청동대포가 40문이나 실려 있었다. 총사령관과 대원 전원이 익사했고 네 명만 구조되었다. 다른 한 척은 더 넓은 바다 쪽에 나가 있었기 때문에 돌풍에 쉽게 침몰하지 않았다. 함대의 나머지 전함들은 해협으로 들어갔다가 타리파, 지브롤터, 가타 곶 해역에서 각각 침몰했다. 소형 범선 두 척만 구조된 참담한 결과였다. 마치 이 모든 사건이 내 잘못이라는 듯이, 나는 작은 돛배두 척으로 타리파 해변으로 수습차 파견되었다. 전함이 침몰할 때 바다에 빠진 청동대포를 건지라고 말이다. 그러다가 그것을 건지려고 달려온 알제리 범선과 부딪쳤다. 그러나 우리에게는 보병이 있었다.

나는 돛배 두 척에 대포들을 건져올렸다. 만약 적들이 나를 잡으려고 우리 배로 뛰어든다면, 무기와 함께 배를 가라앉혀 놈들이 차지하지 못하게 하라는 명을 받았다. 그러나 우리 배는 연안에 있었고 적선은 넓은 앞바다에 있었다. 그래서 그들은 아무 짓도 못했고 우리는 병기를 회수할 수 있었다.

## 마모라 출정

며칠 뒤 마모라 요새*가 육지와 바다에서 협공당하며 포위되었다. 육

---

* 1614년부터 스페인 해군이 튀니지 연안의 마모라 요새를 장악했다. 터키 전함이 알제에 숨어서 여러 차례 이곳을 재탈환하려 했다.

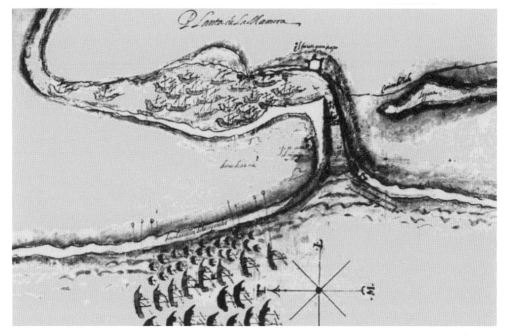

마모라. 1621년 무렵의 마모라 만의 형세.

지에서는 무어인 3000명이 세 차례 공격했고, 바다에서는 모든 원군을 차단하려고 터키와 홀란드 전함이 모두 스물여덟 척이나 버티고 있었다.

메디나 시도니아 공작은 요새에 즉시 보급을 재개해야 한다고 명했고 돈 파드리체 데 톨레도도 출항 준비를 했다. 그러나 그는 나서지 못했다. 결국 우리는 화약과 포탄을 실은 작은 돛배 두 척뿐이었다. 요새에 아무 것도 없었다. 심지어 물 긷는 두레박 끈이나 병사들의 해먹(야전침대) 끝을 화약심지로 사용할 정도였다.

그런데 돛배 두 척만 보내야 하는 데다가, 각 중대병도 용맹한 병사들을 선발하라는 명령에도 불구하고 누구도 내놓지 않아, 나는 공작에게 이렇게 말했다.

"공작님, 제게 맡겨주십시오. 그러시겠다면 제 이마에 S자와 못 하나를 새겨주십시오."*

그는 크게 기뻐하면서 내게 원정 명령을 내렸다.

그러나 다른 중대장들이 이 소식을 듣고 공작에게 찾아갔다.

"우리들 중 누군가가 맡았어야 합니다. 우리가 공작님 직속 아닙니까. 필리핀 원정 준비를 하던 타 부대원에게 맡길 수야 없습니다."

이 말을 전해들은 나도 공언했다.

"저들 중대에 출전 준비를 하도록 했지만 아무도 임무를 맡으려 하지 않았으니 내게 떨어졌지. 어쨌든 나는 누구보다 오래 보병 중대를 맡아온 선임자요. 이것이 잘못된 일이라 또다시 떠벌이는 자가 있다면 산타 카데리나 성당에서 봅시다[결투 신청이다]."

* 노예 표시를 해달라는 뜻이다.

내가 성당으로 발걸음을 옮기자, 공작의 부관이 나를 부르러왔다. 나는 공작에게 찾아갔다. 공작은 내 인사권자 후안 루이스 데 콘트레라스 비서의 허가를 받아오라고 했다. 허가서를 제출하자 나는 공작의 출정 명령을 받았다.

"행운을 빈다. 하느님의 가호로 목숨을 바쳐 요새를 구하라."

### 14장

# 마모라 요새 탈환과 여명 작전

 

출항한 나는 적선 스물여덟 척의 한복판으로 새벽까지 들어갈 항로를
계산했다. 210킬로미터였다.

적선까지는 5킬로미터 해리 정도의 거리를 두어야 했다. 포 사정거리
에 들지 않아야 했고 그 거리에서 하구로 몰려드는 높은 파도 때문이기
도 했다. 파도를 타고 돌아오자면 여명에 적진 속에 들어가 있어야 한다.
만약 적함들이 하구까지 쫓아 들어온다면 사구를 넘어야 한다. 그런데
그대로 들어맞았다. 적들은 우리를 발견하고 소총과 대포를 쏘아댔다.
하지만 거리가 멀었다. 전황은 아주 빠르게 돌아가 우리 측 피해는 전혀
없었다.

나는 항구 쪽으로 들어섰다. 대홍수에서 살아남아 좋은 소식을 전하

는 비둘기 같았다! 나를 얼싸안고 좋아하며 난리가 났다. 특히 요새방어군 사령관으로 용감하게 수비하고 있던 노장 레추하가 무척 기뻐했다. 우리는 보급품을 내려놓았고 적함들은 닻을 올려 떠날 채비를 하고 있었다. 그들은 우리 배를 보고 나서 스페인 일등함대가 올 것이라고 생각했던 것이다. 정말 그랬다. 그다음 날 저녁에.

## 무어인 수령들

사령관과 함께 저녁을 먹었다. 그러던 중 나팔이 울렸고 사령관이 무슨 일인가 물었다.

"무어인 수령 여섯이 화평을 의논하러 왔습니다."

사령관은 문을 열어주라 하고, 그들을 유대인 통역의 집안으로 들였다. 이런 손님은 통역사의 집으로 모셔 다과와 담배로 접대하는 것이 관례였다. 모두 자리에 앉고 수령들은—그들은 기사이거나 그 비슷한 모습인데 수령이라는 뜻으로 '마타시테'라고 불렀다—우아하게 수놓은 멜빵을 두르고 멋진 장화를 신고, 훌륭한 '알주바스' 반코트 차림에 '페즈'[모로코 전통 모자]를 썼다. 그 모습은 다른 무어인과 전혀 달랐다. 레추하 사령관은 무어인 소유였던 집들 앞에 화약과 심지를 모두 내놓으라고 명했다. 나와 함께 온 대원들도 모두 나오라고 했다. 우리 대원의 옷차림은 말쑥했지만, 요새에 있던 대원들은 가죽누더기 차림이었다.

우리가 무어인이 기다리는 집으로 들어가자 그들이 일어나 맞이했다. 다시 자리에 앉고 나서 서로 건배했다. 알고 보니 그들도 마드리드의 짐꾼들만큼이나 술고래였다! 그러고 나서 우리 병사들이 밖에서 열병을 했다. 그들은 사령관과 휴전 협상을 하고 싶다고 주장했다. 자기네 병력 6000명이 그날 밤을 새서라도 떠날 것이라고 했다.

"친구가 되고 싶소. 양 500마리와 암소 30마리를 구입하도록 내놓을 테니."(거저주는 것은 아니었다!)

사령관은 흔쾌히 그러자면서 최상의 예우로서 담배 한 상자를 선물했다. 미모라에서 장터를 열지 않으면 무어인은 살 수 없었다. 그들은 마모라 장터로 자신들이 부정하게 취하거나(훔치고 약탈하고), 정직하게 가져온 것을 가리지 않고 가져와 거래하곤 했다. 황소만큼 큰 양 한 마리가 4레알레, 암소는 16레알레, 밀가루 한 자루는 3레알레, 암탉 한 마리는 1레알레였다. 이렇게 호의적으로 마모라에서 장을 열어도 좋다는 사령관의 보장을 받고나서 무어인은 떠났다. 나도 떠날 준비를 했다.

마모라 요새는 하구 모래밭 위에 자리잡고 있다. 그런데도 큰 함정이 들어와 적이 이곳을 장악하기라도 하면 스페인에 큰 위협이 될 것이다. 여기에서 카디스까지 210킬로미터밖에 안 되기 때문이다. 우리 배들은 이곳에서 카디스와 산루카로 쉽게 드나든다. 그러니 적함이 알제리나 튀니지로 멀리 회항하거나, 오늘날처럼 큰 위험을 감수하며 지브롤터 해협으로 빠지지 않아도 된다면 우리 배들을 공략하고서도 단 하루 만에 자기네 기지로 유유히 돌아갈 수 있다. 이 강은 탈라임산[바르바리, 알제리 북서부 도시]까지 거슬러오른다. 하구에서 상류로 145킬로미터까지 항해할 수 있다. 그곳에서 쉽게 물자도 조달하고 상당한 선단을 무장시킬 수도 있다. 사정이 이랬지만 홀란드인도 호시탐탐 이곳에 군침을 흘렸다.

우리가 마모라 요새를 상실한다면 어떻게 될지 살레가 좋은 사례를 보여준다. 살레는 마모라 연안에서 16킬로미터 떨어져 있는 안달루시아에서 추방된 무어인 요새다.* 그곳을 끼고 흐르는 강은 물살이 거세 중소형 선박이나 왕래할 수 있다. 그런데 이런 작은 선박으로도 그들은 스페인 연안을 황폐화시켰다. 또 그곳으로 서인도, 아소레스와 카나리아 제도, 브라질 페르남부코에서 들어오는 우리 배에서 붙잡은 노예 500명을 끌어갔다. 그 해적들은 하룻밤 사이에 포르투갈 연안으로 드나들며 그 짓을 했다. 내 이야기는 하지 않고 웬 역사가처럼 떠느냐고 하겠지만, 이런 이야기를 어떻게 그냥 넘길까!

## 국왕을 알현하다

그날 밤 마모라 해변을 벗어나 카디스에 도착하니 날이 밝았다. 오전 중에 카디스로 들어서서 코닐로 공작을 뵈러갔다. 그의 초대로 저녁을 먹고 후식하면서 그는 내가 전한, 마모라 요새 사령관이 국왕께 올리는 편지를 읽었다. 그는 무척 좋아하면서 나더러 서둘러 마드리드로 가라고 했다. 그는 국왕께 전할 편지와 또 내게 명예로운 신임장을 주었다. 신임장은 매우 요긴했다. 또 노잣돈도 100두불론이나 주었다. 공작의 가신들은 공작이 평생 이런 치하를 하는 것을 본 적이 없었다고 했다.

나는 산타 마리아 항구로 나갔다. '프로베도르'[국경과 항구를 통제하는 세관 관리]가 우편물을 마드리드까지 운반해달라면서 150에스쿠도를 줬

---

* 살레는 모로코의 가장 중요한 군사 거점이다. 당시 스페인의 통제를 받지 않는 상업항이다.

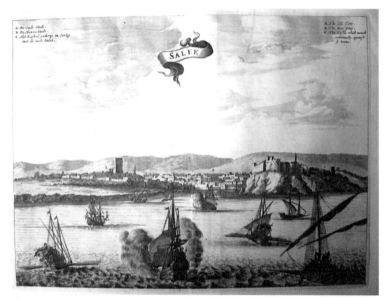

17세기 중반의 살레 항. 존 오길비가 1670년에 그린 판화.

다. 나흘 만에 나는 마드리드에 들어갔다. 떠난 지 아흐레 만이었다. 스페인을 벗어나 바르바리를 거쳐 다시 스페인으로 들어와 카디스로 갔다가 마드리드까지 족히 320킬로미터에 달하는 길이었다.

나는 예복을 입고 왕을 알현하러 궁으로 들어가다가 거기에서 나오던 돈 발타사르 데 수니가*—저승으로 가야할 인간인데!—와 마주쳤다. 나는 대신에게 그간의 사연을 말하면서 함께 서둘러 국왕폐하 앞에 나아가 무릎을 꿇고서 편지를 바쳤다. 왕은 편지를 돈 발타사르 데 수니가에게 건네주고 내게 마모라 사건을 물었다. 돈 발타사르 데 수니가가 말했다.

"레추하는 편지에서 모든 사실을 콘트레라스에게 물으시라 하였나이다."

나는 폐하께서 궁금해하는 것을 낱낱이 고했다. 폐하는 내 복장에 달린 끈을 붙잡고 흔들 만큼 성화였다. 조금 뒤 돈 발타사르 데 수니가[이후, 돈 발타사르]가 말했다.

"물러가시게. 여독이 심하지 않겠나."

궁 안뜰을 거쳐 밖으로 나오자 문지기가 대기하고 있다가 나를 대신들이 모인 방으로 안내했다. 회의중이던 모든 대신이 나를 서서 기다리고 있었다. 그들은 사태가 어떠했는지 물었고 나는 답하고…… 그들은 희색이 만면했다. 그리고 나와 파발마 편으로 시내의 아저씨 댁으로 길을 재촉했다. 아저씨는 포르투갈 우정관郵政官이었다. 그렇게 푹 쉬었다.

---

* 1561~1622, 펠리페 3세와 4세 치세에 가장 영향력이 막강하던 대신. 30년 전쟁 초기의 외교, 국방을 주도했다. 조카 올리바레스 대공을 총리대신에 앉히는 데 결정적 역할을 했고, 이탈리아 통치를 주관했다. 특히 30년 전쟁 때 유명한 백산 전투에서 스페인 승리를 이끈 주역이다.

## 선장직을 놓치다

이튿날 부사관 하나가 돈 발타사르가 나를 부른다며 찾아왔다. 나는 들뜬 기분으로 그를 따라갔다. 그는 접견을 기다리는 많은 사람에 둘러싸여 있다가, 내게 의자를 내주었다. 이렇게 서로 의자에 앉아 대면하는 가운데 그는 내 경력을 물었다. 폐하께서 나를 좋은 자리에 앉히기 바랐기 때문이라고 했다.

"스페인 보병 중대장이었습니다. 또 지금은 필리핀 함대에 배속되어 지난 2년간 월급 50에스쿠도를 받고 있습니다."

"무슨 일에 취미와 관심을 두고 계신고?"

"나리, 국왕께 봉사하는 데 찬밥 더운밥 가리겠습니까. 아무튼 위에서는 전함을 맡아보라 하셨습니다."

"그렇군! 중대장, 그런 자리라면 즉시 주겠지만 대우가 신통치 않을 텐데!"

나는 감사의 뜻으로 그의 손에 입을 맞추었다.

"후안 데 이냐스티귀 서기에게 가보게. 임명장을 줄 걸세."

뿌듯한 마음으로 숙소로 돌아온 나는 그다음 날 서기의 사무실을 찾아갔다. 돈 발타사르를 만났다.

"잘 있었나? 칙령(임명장이 들어 있는)과 수표는 여기 있네만, 좀 기다려야 할 것일세. 폐하의 금고에 여유가 없어서."

"돈은 필요 없습니다. 그렇게 부족한 걸 어떻게 하겠습니까. 저는 돈이 아니라 명예를 바랍니다."

나는 수표를 돌려주었다. 그러나 그는 내 이해심을 크게 치하하면서도 극구 수표를 놓고 가지 못하게 했다. 수표 액수는 은화 300두카트였다. 서류는 서인도 총독 돈 페르난도 카리요에게 전할 칙령이었다.

총독에게 그것을 제출하러 갔는데 그는 나를 기묘한 표정으로 맞이했다. 하기야 그는 항상 같은 표정이었다. 그 얼굴로 시큰둥하게 말했다.

"폐하의 명은 때가 되면 이행할 것이오."

그러나 한 달, 두 달이 지나도 감감 무소식이었다. 나는 돈 발타사르에게 달려갔다. 그는 내게 총독에게 전할 편지를 주었다. 왕의 총애로 내게 자리를 주라 하셨으니 참사회의 다음 회의를 기다릴 필요는 없을 것이라는 내용이었다. 나는 이 편지를 저 음흉한 인물에게 전달했다. 그러나 그는 누군가 다른 사람에게 그 자리를 약속했던 모양이다. 그는 또 다른 사람에게 그 자리를 주고 나를 제쳐버렸다. 이 사실을 알자마자 나는 지체 없이 국왕께 소청하러 달려갔다.

복도에는 소청하러 대기하는 사람들로 북적였다. 내 차례가 되어 나는 이렇게 말했다.

"폐하, 이 보고서를 보시면 아시겠지만 저는 지난 25년간 여러 지역에서 폐하께 봉사했습니다. 가장 최근에는 마모라 요새에 원군으로 들어갔습니다. 폐하께서는 제게 전함 선장 자리에서 봉사하라고 성은을 베푸셨습니다. 그래서 저는 수차례 그 자리에서 봉사할 수 있게 해달라 청했습니다. 폐하께서 제게 자리를 주라고 명하셨는데도 지금까지도, 총독은 그리하지 않고 계십니다."

왕은 내 손을 끌어당겨 보고서를 집어들었다. 그러더니 어깨를 들썩이면서 모두를 당황하게 했다. 국왕 펠리페 4세는 등극한 지 얼마 되지 않은 때여서 아직 어떤 식으로 대응할지 익숙지 않았던 것이다. 가만히 있어도 신하들이 알아서 하는 법인데.

나는 돈 발타사르를 찾아가 마치 직속상관에게 하듯 다시금 하소연하며 마음을 달래보려 했다. 내가 그렇게 곁방에서 대기하고 있을 때, 총독이 들어왔다. 먼젓번과 똑같은 표정이었다. 그는 상부에서 못 먹을 것이라도 받아먹어, 집어삼키기 어려워하는 듯했다. 그가 안으로 들어갈 때 나도 따라 들어가려 했으나 그 앞에 있던 문지기인지 신사인지가 제지했다. 그래서 나는 이렇게 말했다.

"왜 이러시오. 나도 총독 나리와 같은 볼일이 있어 왔는데."

그러고 들어갔다. 안에서 돈 발타사르는 내 상전 몬테레 백작*, 또 베나벤테 백작의 아들인 도밍고 회 수사와 함께 있었다. 돈 발타사르와 총독이 방 한가운데에 있었다. 나는 가까이 다가가 돈 발타사르에게 이렇게 말했다.

"각하께서 총독께 제가 마음에 들지 않으시는지 여쭤봐 주시겠습니까?"

이 말에, 총독은 두 손을 벌려가며,

"각하, 훌륭한 병사입니다. 그를 푸에르토리코로 파견했을 때 썩 잘 해내지 않았습니까."

이에 나는 이렇게 말했다.

"제가 그리 훌륭하다면, 어째서 총독님께서 자리를 제안하지 않으십니까. 국왕께서 그리 분부하셨고 또 각하께서도 새 서류까지 내놓지 않으셨습니까?"

총독은 이런 답을 했다.

* 이 회상록을 쓸 당시 콘트레라스는 나폴리 부왕이 된 몬테레 백작 휘하였다.

"다음에 꼭 하리다. 이번에는 다 찼으니까."

나는 즉시 돈 발타사르에게 말했다.

"각하께서 어떻게 믿으시겠습니까! [총독이] 저를 속이듯, 각하를 속이는데."

그러자 총독이 언성을 높였다.

"이 사람, 이미 모두 찼다잖아!"

각하가 한마디했다.

"총독께서도 폐하께서 중대장을 총애하시는 것을 유념하고 계십니다."

그러자 총독은 더는 묵묵부답이었다. 그는 목이 꽉 멘 듯했다. 그는 밖으로 나갔는데 길에 내려서기도 전에 넘어져 기절했다. 그는 마차에 실린 채로 거의 죽은 듯했고 밧줄로 손발을 묶어 의사들이 급히 그를 깨어나게 하려고 했다. 하느님 가호로 그는 잠시 의식을 되찾고 고해를 하기는 했지만 이내 사망했다.

하느님이 그의 죄를 사하시겠지! 그는 죽어 그만이지만 나는 선장 자리를 놓쳤다. 돈 발타사르는 내 상관인 총독을 죽음에 이르게 했으니 그런 자에게 국왕의 은덕을 누리게 하는 것은 합당하지 않다고 주장했다. 마치 내가 총독에게 총이라고 쏘았다는 듯이 말이다! 나중에 듣기로는, 그의 죽음은 고위층의 명이 담긴 서찰 때문이라고 했다.


## 마드리드에서 중대를 맡다


이런 까닭에 나는 궁에 드나들지 않았다. 그렇게 막막하게 여섯 달이 지난 어느 날, 올리바레스 백작이 보낸 부사관이 나를 찾아왔다. 무슨 일일까 궁금해하며 백작을 찾아갔다. 그는 대뜸 이렇게 말했다.

"이보게, 불쾌한 일을 겪었다고 알고 있지만 이번에는 그러지 않길 바라네. 국왕께서 지브롤터 해협 수비대를 창설하시기로 하셨네. 내게 사령관을 맡기셨지. 함대본부에서 노련한 지휘관 열여섯 명을 여기저기서 차출해 임명했지. 궁에서는 돈 페드로 오소리오와 자네를 뽑았네. 설마 이것이 어떤 명예인줄 모르시야 않겠지."

나는 각하의 호의에 감사했다.

"나리, 제가 지금 함대에서 50에스쿠도를 받고 있고 중대장을 두 번 했습니다. 그나마 잃을 수야 없지 않겠습니까."

"잘 아네. 더 받도록 해야지."

"마드리드에서 중대를 꾸려도 되겠습니까?"

"그런 경우는 없었지만, 폐하께 말씀드려보겠네."

결국 그렇게 하기로 했다. 우리는 마드리드에서 중대를 조직하고 진을 쳤다. 연대장과 오소리오와 나는 궁이 있을 때 시내에 주둔한 사상 최초의 사관이 되었다.

15장
# 새로 꾸린 보병 중대,
# 마드리드에서 벌인 모험

왕도王都의 한복판 안톤 마르틴 구에 진을 친 나는 28일 만에 312명의 병사를 끌어모았다. 나는 중대를 선두에서 이끌고 마드리드 시내를 행진하며 떠났다. 이 모습에, 내가 이 세상에 나와 하는 일마다 걱정만 끼쳤던 어머니는 큰 위로를 받았다.

마드리드를 떠난 이튿날 내가 제타페[마드리드 변두리]에서 사망했다는 소문이 돌아 마드리드 사람들은 마치 내가 위대한 영주라도 된다는 듯 슬퍼했다. 나는 소문의 진원지를 알아내도록 했다. 바르카로타 후작이 공놀이를 하다가 우연히 그런 헛소문을 퍼트렸던 것이다. 카스티야 총독 돈 프란시스코 데 콘트레라스는 사실을 알아보려고 전령을 급파했고 내가 살해당한 것이 사실이라면 죄인을 처벌하려 했다. 나는 전령 편에 멀쩡하다고 전했고 마드리드 사람들은 기뻐했다. 이 거짓 사망설에 선량한 사람들은 나를 위해 '부엔 수세소'[병원]에서 500차례나 애도 미사를 올렸다. 추도 기도회만 300여 차례가 열렸다. 이런 사실을 나중에 돈 디에고 데 코르도바 병원장에게 들었다.

나는 300명이 넘는 병력을 이끌고 카디스로 입성했다. 우리는 최종 목적지 지브롤터 해협으로 갈 선단에 합류했다. 우리 부대는 후안 파하르도 장군이 지휘했다. 나는 '나폴리' 기함에 승선했다. 선단 여섯 척에 그 눈부신 전함들과 용맹으로 유명한 프란시스코 데 리베라 장군의 배들도 있었다. 우리 전함들은 나폴리 오수나 공작 함대 소속이었고, 용감한 리베라 장군에 대한 하느님의 가호만 따른다면 우리 함대 전체의 명예를 얻을 것이다. 국왕폐하께 더욱 충성한다면 그만큼 우리의 영광도 더할 것이다. 함대는 총 스물두 척의 대형 범선과 소형 두 척으로 구성되었다. 바다로 나아가자 지브롤터에서 선박 몇 척이 우리에게 터키 배들이 아프리카 연안에 바짝 붙어 해협을 지나고 있다고 알려주었다. 스페인과 바르바리 사이의 이 좁은 바다에서 우리는 그들의 배 몇 척을 나포했다.

### 홀란드 전함과 만나다

여러 날이 지나고 1624년 10월 6일, 우리는 범선 여든두 척의 홀란드 대함대와 마주쳤다. 아무튼 모두 전함은 아니었다. 우리는 말라가 앞바다를 13해리가량 내려가 그들에게 접근했다. 리베라 장군의 기함과 내가 선장으로 탄 배는 오후 4시에 적과 교전에 돌입했다. 그러나 사실 우리는 적들의 비웃음만 샀다. 우리 기함이 해수면보다 낮은 곳에서(흘수면) 포를 쏘지 않았다면 또 수리를 하려고 보트를 내리지 않았다면 적을 무찌를 수 있었을 것이다. 우리는 포를 엉뚱하게 갈겼고, 적은 우리에게 발포한 번 하지도 않았다. 이 이야기는 차라리 그만두는 것이 좋겠다.

이날 밤, 적은 태평하게 해협을 통과했다. 그들도 감히 예상하지 못했던 일이다. 나중에 들으니 그들은 적어도 함대의 4분의 1쯤을 잃을 각오를 하고 대비했다고 한다. 우리는 지브롤터로 회항했다. 돈 후안 파하르도는 그곳에 남았고, 리베라 장군과 나는 아메리카에서 은을 싣고 들어오는 범선들을 찾아갔다. 우리는 이 배들을 산루카까지 호위했다. 그 길에 설탕을 실은 터키 상선 두 척을 나포했다.

지브롤터에서 겨울을 났다. 나는 병들어 앓았다. 그래서 20일간 병가를 얻어 세비야에서 지냈다. 휴가가 끝나자, 돈 후안 파하르도 장군은 나를 면직했다. 나는 궁으로 들어가 하소연했다. 국왕폐하의 은덕으로 나는 다시 네 개 중대 500명의 보병 지휘권을 하사받았고 우리는 제노아 갤리 함대에 배속되었다. 보병대를 이끌고 나는 리스본으로 가서 영국에 대적할 토마스 데 라라스푸르 사령관 휘하의 전함에 승선했다.

우리는 두 달 넘게 카스카이스와 발렘[포르투갈 대서양 연안]에서 영국 전함을 기다렸다. 입수한 정보에 따르면, 영국함대는 리스본의 아군을 공격할 예정이었다. 유대인이 거기 합류했다고 끌어들였다. 그러나 영국군은 우리가 리스본 근처에서 대기중인 줄 알고서 카디스를 급습했다. 이런 소식에도, 출항하지 말라는 명령이 떨어졌고 우리는 적들이 영국으로 철수할 때까지 그곳에 대기했다.

육해군 총사령관 라 히노후사 후작은 우리 부대를 포함해 부대를 해산했다. 우리는 제노아 갤리선에 재배치되기를 기다리며 마드리드로 돌아왔다. 그러나 이런 기대는 싱겁게 물거품이 되었다. 롬바르디아에서의 전쟁이 구실이었다. 사실, 제노아군이 막강한 데다 투르시 공작[카를로 도리아, 17세기 초 스페인 해군제독]이 스페인 갤리선 함대를 유지하려고 최선을 다했지만, 이 계획을 제때 실행하지 못했다. 결국 우리는 가난뱅이가 되어 일자리를 구해야 했다.

그렇지만 나는 사정이 아주 나쁘지는 않았다. 그에게 내 인생에 대해 한마디 한 적도 없는데 로페 데 베가가 나를 자기 집으로 데려가 이렇게 말했다.

"이보게, 자네 같은 사람이라면 뭐든 나누지 못할 게 어디 있겠나."

그는 나를 다정한 친구처럼 8개월 넘게 자기 집에서 지내도록 해주었다. 먹여주고 재워주는 것이야 물론이고, 옷가지도 선물했다. 하느님의 복을 받을 사람이니! 여기에 그치지 않고 그는 내게 희곡 한 편을 헌정했다. 「왕국 없는 왕」[1625년 출간]이라는 작품이다. 그는 모리스코와 관련되어 내가 겪은 이야기를 주제로 삼았다.


## 판텔레리아 섬 생활


아무튼, 아무 소득도 없이 마드리드에서 빈둥대니 창피했다. 병사들도 끼니는 잇고 있더라도 별로 좋을 것이 없어 보였다. 그래서 나는 몰타로 돌아가 기사단에서 입에 풀칠이라도 할 일거리를 찾아볼까 생각했다. 나

LVPVS·DE·VEGA·CARPIO

로페 데 베가(1562~1635), 스페인 황금기의 문인. 시인이자 극작가로 경쟁자들이던 세르반테스, 공고라와 함께 스페인 고전문학을 크게 일으킨 거장이다. 그 자신이 지극히 모험적인 일생을 살았다.

는 당국에 몰타 근처의 시칠리아까지 갈 노자를 부탁했다. 당시 중대장들에게 주는 것보다 5에스쿠도 많은 30에스쿠도를 여비로 받았다. 이렇게 나는 바르셀로나 항까지 내려가 그곳에서 배편으로 제노아, 나폴리를 거쳐 시칠리아로 들어갔다. 이곳에서 칙서를 제시하고 돈을 받았다. 한달 뒤 몰타로 가려고 허가를 신청했을 때, 시칠리아 부왕 알부쿠에르쿠에 공작은 나를 판타렐라리아 섬*의 사령관직을 맡기겠다고 했다. 바르바리 쪽에 근접한 이 섬에서 스페인 병사 120명이 그 농토와 성을 지키고 있었다. 나는 몰타를 거쳐 섬으로 들어갔는데, 순례단**도 주거지도 없었고, 기사령조차 가질 수 없었다. 하급 수도사에게 주는 기사령은 드문데다 보잘것없었다. 가장 좋은 땅도 600두카트도 안 나간다.

나는 이 영지에서 16개월간 살았다. 또 생필품과 물을 구하러 내려온 자들과 몇 차례 작은 전투를 치렀다. 나는 '묵주성모성당' 형제회의 성당도 지켰다. 이 성당은 걸대와 밀짚으로 지붕을 올려 마치 시골 선술집 같아 보였다. 나는 시칠리아에서 목재를 구해오도록 했다. 물감과 안료도 구해오도록 했다. 그렇게 나는 성당을 개수했다. 멋진 대들보와 서까래를 올렸다. 돌로 열여섯 개의 홍예문을 쌓고, 연단과 성소를 조성하고, 성소를 천장까지 완전히 채색했다. 기도실에는 사방에 네 대 복음성자를, 제단에는 판자에 성모상을 그렸다. 한복판 궁륭 정상에 하느님과 열다섯 가지 신비를 차례로 그렸다.

그러고 나서 정기적 수입원도 마련했다. 매년 속죄의 화요일 전 세 번

---

* 시칠리아 남쪽 튀니스와 함마메트 인근 시르트 만의 작은 화산도. 현재는 이탈리아 영토. '꿈의 섬'으로 불린다.
** 기사든 하인이든 기사단 수도사는 6개월 동안에 네 차례 해야 한다.

째 목요일에 부제副祭와 보조사제가 미사를 올리게 될 것이다. 검은 휘장과 흰 양초를 두른 영구대靈柩臺를 모시고 열두 차례의 약식 미사도 올린다. 그 전날 저녁에는 연옥을 떠도는 영혼들을 위해 애도할 것이다. 나는 특별헌금을 바쳤다. 내가 죽게 되면 즉시 내 혼이 안식하도록 200차례의 미사를 드리도록 말이다. 격년으로 성당과 그림을 청소할 비용도 내놓았다. 나는 섬 안에서 최고 명당을 골라두었다. 이곳에서 매달 내 혼을 위한 안식기도를 올릴 수 있도록 했다.

이렇게 나는 최선을 다해 성당을 가꾸고 축원했다. 그러고 나서 알부쿠에르쿠에 공작에게 그를 따라 로마로 갈 수 있게 해달라고 신청했다. 그는 마지못해 4개월 휴가를 주었다. 나는 팔레르모에서 배를 타고 나폴리로 건너가 그곳에서 로마로 들어갔다.


## 교황께서 축복을 내리시다

로마에서 나는 기사령을 받기에 필요한 수도회의 순례와 주거 의무를 면제 받을 허가장[교황의 교서]을 얻으려 했다. 신청을 받은 교황[우르바노 8세, 1568~1644. 235대 교황]께서는 이를 거절했다. 나는 직접 교황을 뵙고 하소연하려 했다. 교황은 알현을 허락했다. 나는 교황께 그간의 봉사 이력을 여쭙고 나서 이렇게 말했다.

"교회의 보물이란 가톨릭 신앙을 수호하려 험한 일을 한 저 같은 인간을 위한 것 아닙니까."

그러자 교황은 기독교도로서 내가 했던 일에 감격하며 조건 없이 기사

코르토네가 그린 교황 우르바노 8세의 초상, 1627년작.

령을 하사했다. 수도회 권한이던 것을 하나 더 추가했다. 즉 내 과거의 봉사에 기뻐하며 수도회 기사 직위를 주었고, 기사로서 정당하게 인정받는 권리와 기사령도 얻었다. 게다가 교황께서는 판테렐리아 섬의 성당에 성소의 특권도 주셨다. 7년간 해마다 세 차례 미사를 올리게 되었다. 모든 것이 아주 흡족한 결과였다.

그러나 교황청 고위성직자회의에서 이런 특권을 인준할 때까지 기다려야 했다. 회의에서는 교황께서 너무 관용을 베풀었다고 생각했다. 사실 그렇다. 전례 없는 일이었기 때문이다. 그래서 수많은 조건을 달아 특권을 축소하려 했다. 그러나 나의 직속상관 몬테레 백작과 그의 부인이자 나의 애인이 회의단에 청원해 이를 저지했다. 이들이 아니었으면 나는 아무것도 얻지 못했을 것이다. 부부는 당시 로마에서 가장 유능한 대사 역할을 했다.

이렇게 일이 마무리되자, 나는 몰타와 팔레르모로 가서 부재중의 내 봉급을 받으려 했다. 그래서 백작에게 허가를 구했으나 그는 상황이 좋지 않다면서 로마에 있으라고 했다. 그렇게 했다. 백작은 이런 결정을 평가하고서 내게 월 30에스쿠도를 주도록 회계관에게 명했다. 이는 꼬박꼬박 지켜졌다.

이로부터 6개월 뒤, 백작께 내 권한을 행사할 수 있게 해달라고 청했다. 그는 내게 일을 마치면 곧장 돌아오라는 조건으로 두 달의 시간을 주었다. 나는 로마를 떠나 나폴리, 시칠리아를 거쳐 몰타로 들어갔다. 그곳에서 나는 교황의 교서와 백작의 서찰을 제출했고, 수도회는 즉시 그 명령대로 수행했다. 나는 근엄한 기사 착복식을 치르고 임명장을 받았다. 카를로스 왕자로 태어난 것만큼이나 뿌듯했다. 나의 고귀한 행동과 전공

판테렐리아 섬의 유적. 저자가 말하는 묵주성모성당으로 추정된다.

戰功으로 기사에 봉한다고 했다. 기사단의 모든 기사령과 명예를 누리며 정의의 기사단에 받아들인다고. 그날 화려한 잔치를 벌였다!

나는 로마로 다시 들어갔다가 금세 되돌아왔다. 34일 만에 건너가고, 협상하고, 되돌아왔다. 거의 1450킬로미터의 길이었다. 로마에 도착하자마자 나는 백작과, 내 애인이던 백작부인에게 경의를 표했다. 두 사람은 나의 성공과 신속한 귀환에 기뻐했다.


## 로마에서 추기경들을 맞이하다

여드레 뒤, 백작은 내게 말 여섯 필이 끄는 마차 두 대를 내주면서 산도발, 시피뇰라, 알보르네스 추기경 세 분의 마중을 나가도록 했다. 그들은 스페인에서 출발해 로마에서 32킬로미터 떨어진 팔로 항으로 도착할 예정이었다. 그들을 자기 대사관저에서 묵도록 영접할 준비가 다 되었으니 극진히 모시라고 했다.

나는 추기경들이 머물던 팔로 성을 찾아가 초대의 말씀을 전했다. 그들은 고마워하면서도 로마의 더위가 심해 들어가기는 거북하고 주변 어디에 머물 생각이라고 했다. 그들은 이런 뜻을 굽히지 않았다. 나는 무엇보다 국왕께 봉사하는 일도 염두에 두셔야 하지 않겠느냐고 간청했다. 그들은 건강의 위험을 감내하기로 했다. 초저녁에 그들의 마차 열일곱 대와 우리 마차 모두를 움직이기 시작했다.

추기경들은 백작의 마차에 올랐고 나는 그들의 시종들과 또 다른 마차에 올랐다. 뜨거운 해에 추기경들이 고생하지 않도록, 나는 밤새 마차를 몰았고, 백작의 마차 두 대는 새벽에 로마에 당도했지만 그때까지 다른 열일곱 대는 쫓아 들어오지 못했다. 이렇게 이른 아침에 추기경들을 대사관저로 모셨는데 그날은 순한 암말을 교황께 바치는 성 베드로 축일이었다. 추기경들은 화려하고 안락한 백작 관저에 각자 시종, 하인들과 함께 여장을 풀었다.

추기경들은 집을 구할 때까지 한 달가량을 관저에 묵었다. 다른 추기경들의 방문을 받고 내 상전 백작의 예우를 받았다. 숙소로 돌아온 나는 다른 명이 떨어질 때까지 그곳에서 지냈다. 관저에서 추기경들을 모시고 싶은 마음은 없었다.

기적 같은 일이 있었던 것도 털어놓아야겠다. 추기경들이 로마로 들어오던 성 베드로 축일은 더위가 극에 달하는 위험한 날이다. 그들의 시종이나 하인 중 아무도 죽지 않았다. 추기경들은 가벼운 두통조차 없었다. 혹서 위험이란 허풍일 뿐이라는 생각이 들었다. 사실 팔로에서라면 햇빛을 차단하도록 했지만 로마 시내에 들어앉아 있으면 기후변화를 무서워할 정도는 아니었다.

이런 일은 1630년 10월 11일까지의 일이다. 이보다 더 자세히 말한다면 읽는 사람이 지겨울 것이다. 게다가 모든 것을 죄다 기억할 수도 없다. 33년간 겪은 일과 사건을 열하루 만에 어떻게 다 기억해내겠는가. 내가 하는 이야기는 단순하고 무슨 목적이 있는 것도 아니다. 그저 하느님 뜻대로 살아온 내 인생을 꾸미거나 따지거나 하지 않고 다시 보는 것일 뿐, 그와 같은 사실을 말할 뿐이다.

그리스도를 찬양합시다!

16장

# 베수비오 화산 폭발을 보다

얼마 뒤, 카드레하타 후작이 백작 관저에서 잠시 묵었다. 후작은 독일 대사로 발령받아 가는 길에 로마에서 잠시 헝가리 여왕의 대사로 지냈다. 백작의 명으로 이번에도 그를 마중나가 관저로 모셨다. 그러나 후작이 지닌 여왕의 서신은 교황이 그를 대사로서 영접할 요건을 갖추지 못했기에 나는 그를 로마 교외의 풍광이 좋고 화려한 프라스카디 마을로 모셨다. 왕비가 그에게 새로운 서신을 보내줄 때까지 머물 곳이었다. 마침내 새 서신이 도착하고 그는 로마에 입성해 백작 관저에 들게 되었다. 그곳에서 그는 환대받았다. 교황을 알현하고 여러 인사들의 방문을 받고 나서 후작은 안코나로 떠났다. 그곳에서 그는 여왕을 만나 왕국의 대사직을 수행하고자 신성로마제국의 궁궐로 가는 배에 올랐다. 그의 로마

체류는 눈부시고 사치스러웠다. 그의 신분에 어울리는 것이었다.

며칠 뒤, 백작은 내게 투르시스 백작부인을 찾아가 갤리선 한 척을 빌려보라고 했다. 백작은 비서 후안 파브로 보네토와 나를 마드리드로 보내 자신의 사적인 일처리를 맡기려 했다. 그렇게 우리는 갤리선을 타고 바르셀로나로 날아가 중요한 서신을 전달해야 했다. 이렇게 백작의 뜻대로 일을 마치고 나는 일찍 귀환했다.

(1631년) 마드리드에서 두 달을 보냈다. 나는 거기에서 스페인 페닉스 극단의 예쁜 배우들과 로페 데 베가를 만나 너무나 기뻤다. 이 많은 가르침을 주는 책들을 쓴 재주가 철철 넘치는 이 문인처럼 희극적인 시인도 없을 것이다. 오직 이 사람만 스페인의 영광이자, 다른 나라들이 상대할 수 없는 무서운 존재일 것이다.


## 베수비오 화산 폭발의 지옥 같은 현장에서

나는 마드리드에서 백작이 부왕이던 나폴리로 파견되었다. 도착하자마자 백작은 내게 스페인 보병 중대를 맡겼다.

"저는 이미 네 번이나 중대장을 맡지 않았습니까! 또 맡으라고요?"

그는 완강했다. 나는 어쩔 수 없이 백작의 수비중대장이 되었다. 그러다가 두 달 만에 놀라Nola 시내 군영으로 배치되었다.

나는 시내에서 조용히 지냈다. 그러던 어느 날, 때는 12월 16일 아침이었다. 새벽에 사람들이 베수비오라고 부르는 소마 산에서 시커멓고 거대한 연기가 솟았다. 오전부터 날이 어두워지고, 우레가 치고, 잿비가 쏟아졌다. 그런데 놀라는 바로 산자락에서 6킬로미터도 채 안되지 않나! 낮은 밤이 되고, 재가 쏟아지자 사람들은 무서워 떨었다. 그리고 자기 고장을 떠나기 시작했다. 무시무시해서 최후의 심판 날이 바로 이런 것이 아닐까 싶었다. 재도 쏟아지지만, 흙과 불덩어리도 퍼부었다. 용광로에서 쏟아지는 용암 찌꺼기 같았지만 어떤 것은 주먹만 하기도 했고 그보다 크고 작은 것들도 있었다. 그 와중에 지진도 계속되었다. 밤새 집들이 서른일곱 채 무너지고, 삼나무와 오렌지나무가 부러지고 찢기는 것이 도끼로 패는 듯했다. 모두들 "하느님 살려주세요!"를 외치며 절규하는 소리도 끔찍하게 들렸다.

수요일, 거의 암흑이었다. 대낮인데도 촛불을 켜야 했다. 나는 병사들을 이끌고 시골로 나가 밀가루를 구해 빵을 구운 뒤 길가에 나앉은 이재민에게 나누어주었다. 이 지역에는 수녀원 두 곳이 있다. 그곳 사람들은 숙소에서 밖으로 나오지 않으려고 했다. 수도원장이 밖으로 나가도 좋다는 허가를 내렸는데도 말이다(그 자신은 먼저 밖으로 피했다). 수녀원은 붕괴되었는데 수녀들은 말짱했다. 그녀들은 성당 안에서 하느님께 기도를 드리고 있었다.

그런데 병사들이 내게 반기를 들었다. 용암의 불길이 바짝 다가왔으니 떠나야 한다고 내게 직접 찾아와 항의했다. 그들은 단호함을 보이려 모두 몰려와 있었다. 그래서 이렇게 말했다.

"어디로 가려고?"

병사 하나가 답하려다 미적거리고 말았다.

"가고 싶은 사람은 가! 나는 통닭구이처럼 되지 않는 한 절대 못 나가. 그때가 되면 깃대도 가벼워질 테니, 나 혼자 들게!"

이에 아무도 찍소리 못했다. 이날 하루를 낮밤 없이 어둠 속에서 보냈다. 그 참상은 이루 말할 수 없었다. 믿기도 어려웠고. 도망쳐 살아남은 사람은 얼마 안 된다. 헝클어진 머리의 여자들과 아이들 모두 어디로 피할지 모른 채 밤을 맞았다. 집집마다 무너지고 불탔다. 목요일 아침에 쏟아진 화산재와 흙더미에 집이 막혀 꼼짝도 못하는 사람들도 있었다. 화산재와 용암은 물론이고 불길도 멈추지 않아 물도 없었다. 산에서 무시무시한 굉음을 으르렁대면서 큰 용암이 갑자기 불어나 강물처럼 흘리내렸다. 그 한 줄기가 놀라 시내로 짓쳐내려왔다. 나는 병사 서른 명과 주민들과 함께 곡괭이와 꼬챙이를 들고서 구덩이를 팠다. 그렇게 용암의 흐름을 다른 쪽으로 바꿔놓았다. 그렇게 바뀐 줄기는 오두막 두 채를 덮치고 미처 피하지 못한 가축을 휩쓸었다. 만약 병사들 말대로 떠났다면 이 고장 전체가 그렇게 파묻혔을 것이다.

금요일, 다행히 비가 내렸다. 재와 흙은 뒤범벅되어 강한 모르타르처럼 엉겨붙어 괭이질도 허사였다. 그나마 옴짝달싹 못하는 불이 아닌, 비가 내리는 것을 위안으로 삼았다.

토요일 시골 전 지역이 무너졌다. 그런데 아무도 다치지는 않았다. 병사들이 밖에서 비와 재를 맞는 편을 택했기 때문이다. 큰 성당이나 동네 담벼락 밑으로 피했다면 지진이 입으로 물을 마시듯 꿀떡 집어삼켰을 것이다.

일요일에 백작의 명령이 도달했다. 소식이 없어 우리가 전멸한 줄 알았는데 아무튼 살아 있다면 카푸아로 철수하라고 했다. 더욱 괴로운 것은 어린 수녀들을 내버려두어야 했던 일이다. 그녀들은 내가 떠나는 모습에 분명 낙심했을 것이다. 그러나 명을 따를 수밖에 없었다. 떠나지 않고서 무슨 일이 벌어진다면 그 뒷감당을 하기도 어려울 것이기(책임이 떨어질 것이기) 때문이었다. 거의 몸만 빠져나왔다. 궤짝을 지고 나가고 싶었지만 도저히 불가능했다. 카푸아에 도착해서 보니 우리는 지옥의 일꾼들처럼 심하게 일그러져 도저히 알아보기 어려웠다. 대부분 신발도 잃어버리고 입은 옷은 거의 불에 타 누더기였고 몸 곳곳에 화상을 입었다. 우리는 일주일간 몸을 추스르고 그곳에서 성탄절을 맞았다. 베수비오는 계속 화염을 토해내고 있었다.

## 카푸아 변방

일주일 뒤, 백작은 나에게 카푸아의 변방 '카살레'*로 이동하라는 명령을 내렸다. 우리는 그곳에서 보급품을 받았다. 놀라에서 내게 옷 두 궤짝을 보냈다. 나머지는 모두 유실되었다. 그나마 옷궤라도 건졌으니 다행이었다.

카살레에는 가난한 사람에게 세상에서 가장 흉악한 관습이 있다. 군인들이 숙영할 수 있을 만큼 큰 저택을 가진 부자들이 자기 자녀에게 성직자의 특권(제1계급의 특권)을 주도록 해서 자기네 재산을 교회에 바쳐(자녀의 이름으로), 그 덕에 그들은 군인을 집에 들이지 않아도 되었던 것이다. 이들의 지지를 받는 대주교는 이 관례를 당연히 지켜준다. 이런 기만술을 주교에게 알렸다. 그는 "정당한 일"이라고 했다. 분개한 나는 가난

---

* 그 이름 자체가 이탈리아어로 변방이라는 뜻이다.

한 사람들 집에 묵고 있는 병사들을 부잣집으로 보냈다. 그러면서 이렇게 물었다.

"성직에 임명된 사람의 방이 어느 것이오?"

"저깁니다."

"주일처럼 그 방을 내주시게."

"다른 방들에서 누가 자는가?"

"나리, 성직자의 아버지와 어머니, 자녀형제들이……"

이런 방들에 나는 병사 서넛씩 집어넣었다. 부자들이 대주교에게 하소연했고 대주교는 내게 편지를 보냈다.

"조심하시게, 파문당할지 모르니."

가소로운 협박이었다. 이에 '야만스런' 성직자 하나가* 황급히 대주교에게 달려가 나를 고발하겠다며 암말에 올라탔다. 그러나 우리 병사가 말고삐를 잡아채며 이렇게 말했다.

"우선 대장께 보고하겠소."

무식한 주인만큼이나 말귀를 못 알아듣는 암말은 주인을 내동댕이쳤다.

이런 식의 모욕을 당하고도 성직자는 대주교에게 하소연했다. 대주교는 '퀴스퀴스'라고 '마귀 족속'이라는 법조문을 내세워 나를 파문에 처했다. 나는 이렇게 답했다.

"퀴스퀴스라는 조항이 무엇인지 모르겠습니다. 마귀 족속이 뭔지도 모르겠고. 우리 가문에 그런 사람은 없습니다. 만약 내가 파문당한다면 내가 딴 세상에서 살지 않는 한 누구도 나를 피하지는 못할 것입니다. 그렇

---

* 이곳에서 그들을 이렇게 부르는 것은 그들이 특권만을 누리고 또 대다수가 결혼하기 때문이다.

게 하라고 하느님께서 내게 두 손과 스페인 군사를 주셨습니다."

이런 내 답을 본 대주교는 내게 답하지는 않고, 나를 고발한 카살레 사람들에게 이런 답을 보냈다.

"그자를 파직하도록 부왕께 청하도록 하라. 나는 그리할 것이고 다른 방법이 없다."

그들이 그런 조치를 취할 동안에, 가난한 사람들은 고생을 면했고 부자들이 우리의 숙식을 부담했다. 40여 일 동안이었다.


## 라퀼라 사령관을 맡다

이런 날이 지나고 부왕은 나를 왕국에서 가장 큰 도시 중 하나인 라퀼라 시*로 보냈다.

이 도시의 주교는 신망이 없었다. 주민들이 그를 죽이겠다고 위협할 정도였다. 나는 이런 죄인들을 처벌하라는 명을 받았다. 2월 9일, 카살레를 떠나 '5마일 평원'을 건넜다. 눈이 발목까지 쌓인 길이었다. 이곳을 지날 때 병사들과 재미있는 일을 겪었다!

이 도시는 불충했다. 로마뉴 지방과 인접한 골짜기에 자리잡고 있었기 때문이다. 그래서 나폴리 왕의 영향이 미미했다. 나는 구리빛(강건하고 사나운) 스페인 병사 150명을 앞세우고 시끌벅적하게 입성했다. 나는 지역

---

* 이탈리아 중부 아브루초 지방 수도. 아펜니노 산기슭에 자리잡고 있다. 라퀼라는 그 산에 사는 독수리를 가리킨다. 즉 시의 상징이다. 그러나 물을 뜻하는 아쿠아로 통하기도 한다. 지하수가 풍부하기 때문이다. 로마에서 120킬로미터 떨어져 있다.

라퀼라 시내의 분수.

사령관 자격으로 도착했다. 우선 사람을 잡아들이는 일부터 착수했고 그러니 도망치는 자들이 나왔다. 나는 적지 않게 색출한 반역자들의 집집에 대원들을 셋으로 분산해 숙영지로 삼았다. 또 무장한 자는 누구든 시내를 드나들지 못하게 엄명했다. 주민은 보통 모자만큼 무기를 들고 다니는 것이 관례였지만, 이 명을 기적처럼 잘 따랐다.

그러던 어느 날, 나폴리 쪽 성문으로 이 지역을 다스리던 클라라몬테 백작의 가신 여섯 명이 도착했다. 장총과 권총으로 무장하고 있던 그들은 나사렛파처럼 긴 장발이었다. 그런 두발 때문에 도적이나 강도 같아 보였다.

"사령관 명 없이 입성할 수 없소."

"우리는 사령관이 누군지 모른다."

이들이 성문 수비병에게 했던 말이다. 수비대는 넷이지만 두 명은 저녁 식사를 하느라 그 자리에 없었다. 그들은 수월하게 입성해 옛날과 다름없이 광장을 누볐다. 나는 성문을 닫도록 하고 병사 여덟을 데리고 그들을 찾아나섰다. 그들을 찾았을 때, 그들은 아무 일 없었다는 듯 태연자약, 의기양양했다. 붙들려하자 그들은 거창한 무기를 휘둘렀다. 그러나 그런 것은 통하지 않았다. 나는 놈들을 덮쳤다. 우리 병사 하나가 부상을 당하기는 했지만 놈들을 모두 붙들었다.

일단 감옥에 집어넣고 나는 그들에게 북을 치며 재판을 열고서 각자에게 두 시간씩 반성할 시간을 주었다. 두 시간이 지나고서 그들의 장발을 목덜미 아래까지 바짝 자르게 하고, 스페인 방식으로 나귀에 태워 매질을 200번 가했다. 주민은 물론 형리조차 이런 체벌을 해본 적이 없었지만 이런 정의의 심판은 점잖게 행해졌다. 그들을 끌어내려 갤리선에서 하는 대로, 우리 대원들이 소금과 식초로 그들의 상처를 치료해주었다. 그 이튿날, 나는 그들을 나폴리 갤리선단으로 보내 6년간 노예로 노를 젓게 했다.

클라라몬테 백작이 보기에 이런 심판은 터무니없어 보였다. 그 사실을 확인하고 나서, 그는 내가 무슨 권한으로 그런 처벌을 했는지 물었다. 나는 이렇게 답신을 보냈다.

"군사령관으로서 그랬소이다."

그러자 그가 다시 편지를 보내왔다.

"이 지역에서는 오직 나만이 그럴 권한이 있소."

이에 나는 다시 반박문을 보냈다.

"이 건은 몬테레 백작과 해결하시기 바라오. 백작께서 나를 임명하셨으니."

이에 그는 나를 라퀼라에서 직접 체포하러 오기로 결심하고서 기사 300명과 보병을 소집했다. 이에 나는 다시 이런 편지를 보냈다.

"나리의 고장이 이미 일보 직전인 봉기를 막아야 하고 나는 그것을 다스리러 오지 않았습니까. 게다가 나리께서 국왕을 모시는 왕국의 신하라는 점을 염두에 두지 않고서 그런 일을 시도하시지야 않겠지요. 내게 잘못이 있다면 벌하시오."

그러나 그는 이 말에 아랑곳하지 않고서 자기 계획을 따르기 시작했다.

첩자를 두고 있던 나는 그가 움직인다는 소식에 150명의 스페인 병사 가운데 100명을 화승총으로 무장시켰다. 그리고 내 펄펄 뛰는 애마에 올랐다. 권총도 두 자루 챙겼다. 또 2000에스쿠도를 금화로 마련했다. 그리고 내가 아는 곳으로 가서 그를 기다렸다. 그곳에서 나는 다시 편지를 썼다.

"국왕께 충성할 의무를 이렇게 소홀히 하면서 당신 뜻대로 하시는구려. 그러나 좋은 말을 타셔야 할 거요. 만약 붙잡힌다면 다른 자들처럼 매질을 면치 못할 것임을 하느님께 맹세하리다."

이 말이 큰 효과가 있었을 것이다. 왜냐하면, 그들이 돌아갈 것이라고 믿었기 때문이다. 너절한 놈이었다. 사태가 나쁘게 끝나더라도, 나는 로마, 밀라노 아니면 플랑드르로 떠나면 그만이었다. 내가 있는 곳에서 여섯 시간이면 어디로든 교황직속령으로 들어갈 수 있었다. 아무튼 클라라 몬테 백작은 몬테레 백작에게 내 편지를 전했다. 그리고 나서는 자기 땅으로 돌아갔고 나는 내 땅으로 들어왔다.

이튿날, 어떤 기사가 시골과 수녀원에서 노략질을 일삼으며 귀중품을 약탈하고 있다는 소식이 들렸다. 어차피 총독과 붙으려고 시골로 달려갈 채비가 되었던 차였으므로, 나가보자! 나는 곧장 기사가 자고 있는 오두막으로 달려갔다. 그자는 궁궐의 왕처럼 마음 푹 놓고 있으렸다! 우리가 문간에서 풍악을 울린 뒤에 들어가보니 그는 침대에 누워 있었다. 그는 창문을 넘어 안마당으로 도망쳤다. 그러나 날쌘 대원들이 뒤쫓았다. 붙들린 그를 벌거벗긴 채 결박해 시내로 끌고 들어왔다. 주민들은 감히 잡을 엄두를 낼 사람이 없겠다 싶던 자가 붙잡힌 것에 경악했다.

나는 그를 요새 감옥에 집어넣고 이틀간 속죄의 시간을 주었다. 그동안 광장 한복판에 처형대를 세웠다. 처형에 쓸 커다란 칼도 준비했다. 주민들은 그것이 그자의 목을 치는 데 쓸 것이라는 데 코웃음을 쳤다. 그러나 5일째 되던 날 오후 3시에 그의 목을 베자 주민들은 놀라 입을 다물지 못했다. 그의 목을 친 형리는 아주 험악한 자였다. 나는 10에스쿠도와 옷 한 벌에 그를 고용했다. 그러나 이자는 경험이 없었다. 마치 병원에서 순진한 사람들을 희생시키며 배우는 수련의처럼 서툴렀다. 죽은 기사 자코모 리베라는 순진한 자는 아니었다. 꽤나 유명한 악당이었다. 아브루초 지방에 소문이 자자했고 라퀼라 출신이었다.


## 쥐라트(시정관市政官)의 말썽


나는 부활 주간 때 시내에 있었다. 시정관 또는 지방관들은 그들 마음대로 살게 내버려 두지 않기 때문에 나를 거북해하고 사이도 안 좋았다. 그들은 내가 부활절에 성당에 따라나서지 않는다며 유감스러워 했고 나도 귀찮은 심정이었다. 성 목요일 날, 그들에게 "어서들 영성체를 하시고, 나는 나대로 하겠소이다"라고 하자, 그들은 끝까지 그냥 내버려두려 하지 않고 위악스럽게 굴었다. 부활절 당일, 주교가 교황청식으로 대미사를 집전했다. 나는 미사가 시작되었을 때 들어가 앉았는데, 내 곁에 단 한 사람만 앉았다. 게다가 이 사람은 내가 말을 걸 때까지 아무 기척도 안 했다. 놀랍지 않았다. 자기 고장이고 [내가 떠나더라도] 그곳에 계속 살 사람이니 텃세를 부리는 것이었다.

이 도시에 시정관과 지방관은 다섯 명이었다. 각자 시 예산으로 붉은 색 복장의 시종 두 명을 두었다. 시정관이든 지방관이든 이들은 절대로 자기 집 밖으로 나오는 법이 없었다. 또 시종의 수행 없이는 혼자 돌아다니지도 않았다. 목숨이 달린 일일 때조차도. 나는 미사에 외톨이가 되도록 놓아둔 저 못된 자들의 악의를 알고 있었던 만큼 내 자리에서 하사를 불러 이렇게 일렀다.

"어서 가서 시정관 시종들을 잡아들이게. 각 집에 병사 여섯씩을 보내 그 집 안에 있는 부엌의 먹을 것을 다 먹으라고 하고. 특히 여자들에게는 예의를 갖추도록 하고. 또 별도의 명이 있을 때까지 그 집에서 꼼짝 말라고 하게."

즉시 명이 시행되었다. 부활절이라 불도 때지 않던 집에 있던 병사들이라 아주 좋아했다.

시정관들은 이 소식을 접하고도 시종이 없으니 어쩌지 못했다. 그들은 내게 신사들 편에 쪽지를 들려보냈다. 이에 나는 이렇게 답했다.

"직접 와서 전하라고 하게!"

그러나 그들은 그러지 못했다. 각자 시종들이 부사관에 붙들려간 곳에서 미적대고 있었다. 주교는 내게 병사를 거두고 시종들을 풀어주라고 요구했다. 나는 병사들에게 9레알레를 나누어준다면 그러마고 했다. 시정관들은 즉시 돈을 내놓았다. 그들은 300두카트를 더 내놓을 테니 병사들을 다시는 집에 들어오지 않게 할 수 없겠냐고도 했다. 얼마나 우리가 싫었으면! 9레알레를 받고 식사를 한 병사들과 그 동료들은 최상의 부활절 잔치를 치른 셈이었다. 시정관들은 시종들이 붙들려간 자리에서 잔치를 치렀다. 그들은 관례와 특권을 잃지 않으려고 자기 집으로 돌아가려 하지 않았기 때문이다. 주교는 시정관들이 귀가할 수 있도록 붉은 옷의 시종들을 풀어주라고 했다. 나는 이렇게 답했다.

"내가 그렇게 했던 것은 시정관들이 성당에서 나를 안내하지도 않고, 자리 하나 잡아주거나 방석 하나 내놓지도 않기 때문입니다. 아무튼 사과의 표시로 각자 1두카트씩 내놓는다면 시종들을 풀어주겠소."

그러자 시정관들은 즉시 헌금함에 돈을 내놓았고 마치 마법에서 깨어난 듯했다.

그들과 크고 작은 마찰이 있었다. 그들은 생선과 고기며 심지어 빵까지도 터무니없이 비싸게 값을 올렸다. 상인들은 그들에게 생선과 고기를 현물로 바치고 빵가게는 현찰을 바치기 때문이다. 이런 사실을 알고 그들이 다음에 세금과 가격을 정할 때 나를 부르도록 했다. 그렇게 그 자리에 참석해 그들이 가격을 책정하려 할 때 나는 이렇게 말했다.

"값이 너무 싸지 않습니까? 가치가 훨씬 더 높을 텐데. 값을 더 올려야 시장에서 더 많이 벌 수 있지 않겠소?"

그들은 하늘 높은 줄 모르고 값을 최고로 올렸다. 그러나 일단 그렇게 가격을 정하자, 나는 이렇게 말했다.

"보십시다. 우리 집에 사람들이 많소. 또 나는 몰타 기사, 보병 중대장, 지역사령관으로서 이런 세금을 면제받소. 아무튼 내가 제일 먼저 세금을 내리다. 여러분 신사 나리들께서도 집안사람들 수대로 구입하고 현찰로 내시오."

나는 그곳에 있던 상인들에게도 이렇게 말했다.

"내 맹세하건대, 어떤 것이든 1온스라도 이 신사들께 선물한다면(거저 내놓는다면) 매질을 할 것이오."

상인들은 내 말이 농담이 아닌 줄 알고서, 그렇게 하려고 했다. 그러자 시정관 하나가 말했다.

"우리 집에서는 생선을 절대 먹지 않소!"

나는 이렇게 말했다.

"그건 상관없소. 당신이 생선을 먹었으면 좋겠소. 나와 마을의 모든 가난한 사람과 똑같이 당신도 정가와 세금을 누렸으면 싶소."

이렇게 해서 거의 모든 물가가 절반으로 떨어졌다.

한편 클라라몬테는 내가 그에게 부친 마지막 편지를 몬테레 백작에게 보냈다. 백작은 시정관들의 소청대로 나를 라퀼라에서 면직하기로 했다. 그러나 나와 그 상대방을 한날한시에 면직했다. 백작은 내가 라퀼라를 떠나기 전 나를 기병중대장에 재임명했다. 하지만 클라라몬테에게는 아무것도 주지 않았다. 이렇게 해서 라퀼라 근무 시절을 끝났다. 석 달 하고 이레 동안이었다.

17장
# 카푸아 생활과
# 몬테레 백작과의 결별

라퀼라를 떠나 나폴리로 건너가 기병중대를 맡았다. 카푸아에 주둔한 중대를 나폴리로 이동시켜야 했다. 나폴리에서 기병 1000명을 지휘하는 돈 가스파 데 아세베도 장군에게서 정식 지휘권을 받아야 했기 때문이다. 장군은 몬테레 백작의 친척이다.

경리총감 돈 페드로 콘쿠빌레테 앞에서 장군으로부터 지휘권을 받으면서, 인계인수받는 기마의 수도 확인했다. 그전에 장군의 본부 부관 돈 헥토르 피냐텔로가 지휘했던 말들이다. 우리 병사가 외쳤다.

"내 말이 바뀌었어."

여기저기서 같은 소리가 튀어나왔다. 나는 돈 피냐텔로에게 말했다.

"당신네 말은 중대의 것 아닌가. 기병들이 당신은 좋은 것만 갖고 지친

말만 우리 쪽에 넘겼다지 않소. 왕실 재산인데."

그러자 그는 말했다.

"그렇지 않소. 어떤 말도 바뀌지 않았소."

더구나 이탈리아 사람들 간에, "그렇지 않소"라는 말은 모욕적 언사는 아니었다. 하지만 나는 우리 스페인 부대 앞에서 체면을 구길 수 없었다. 결국 그의 턱수염을 잡아당겨버렸다. 그는 지휘봉을 내던지고 용감한 기사답게 검을 뽑았다. 나도 바람처럼 검을 뽑았다. 단박에 싸움이 벌어졌다. 하지만 피를 흘리지 않았다. 군중이 몰려들어 있었기 때문에 우리들 누구도 해칠 수 없었다. 그런데 백작 수비대의 용병(독일 출신) 하나가 애꿎게 다른 이들 대신 욕을 보았다. 그는 마치 수염을 뽑힌 돈 피냐텔로처럼 얼굴에 자상을 입었다.

돈 가스파 데 아세베도는 기병중대장과 몬테레 백작의 수비대장으로서 우리 둘의 싸움을 말리고 붙들었다. 우리는 그의 사택에서 양측 부대원들과 함께 사흘간 구금되어 있었다. 내 상관인 백작이 아스콜리 왕자와 지역 지휘관들의 보고를 근거로, 우리를 자기네 별채로 불러 화해하도록 했다. 돈 피냐텔로 편에서는 라 로셀라 왕자, 우리 편에서는 돈 가스파 데 아세베도가 증인을 맡았다. 이때부터 우리는 눈을 부릅뜨고 지냈다. 차라리 불량배들 말대로, "두고 보자"고 별렀을 것이다.


### 왕국 부대 사열


이렇게 나는 기병중대장이 되었다. 그런데 새로운 걱정거리가 생겼다.

백작은 내게 왕국의 모든 기병대의 열병 분열식을 준비하라고 했다. 거기에는 2500명의 새로 소집된 기병대와 용맹하기로 유명하고 수도 많은 스페인과 이탈리아 보병대를 모두 망라한다는 것이다. 왕국의 보병과 민병 모두를 참가시킬 수는 없었고, 스페인군 2700명과 이탈리아군 8000명에 달하는 신병만 선발했다.

그날 의장대가 필요하다는 것은 두말하면 잔소리 아니겠는가! 가난한 나는 제복이나 입었다. 하지만 나팔수 둘, 종복 넷에게 은사로 수놓은 진홍색 옷에, 멜빵을 두르고 금장한 장검과 깃털 장식을 하고 그 위에 망토를 두르게 했다. 말 다섯 필에 안장을 얹었는데 그 가운데 두 필은 은사로 수놓은 덮개를 두르고, 귀한 안장틀에 총을 걸었다. 우리 부대 기장은 은빛 불꽃무늬에 푸른 바탕이었다. 금장으로 수놓인 낙타가죽장화를 신고, 깃과 소매도 같은 금장을 둘렀다. 군모 위에는 청, 녹, 백의 깃털을 꽂고 어깨에는 금사를 넣어 짠 붉은 띠懸章를 둘렀다. 이 띠는 아주 커서 이불 홑청으로도 쓸 만했다! 나는 이런 차림으로 광장에 나갔다. 상사와 기수와 무장을 완비한 기병 스물네 명이 뒤를 따랐다. 병사들은 붉은 목도리를 둘렀다. 부관이던 내 동생이 후미를 맡았다. 우리가 어떤 환호를 받았을지 여러분의 상상에 맡기겠다.

수많은 다른 부대장과 함께 우리는 궁전 앞으로 행진했다. 그 발코니에 내 상관 백작과 사벨리, 산도발 추기경, 또 다른 발코니에 몬테레 백작부인과 몬테로소 후작부인 등 내 애인들이 다른 숙녀들과 함께 모습을 나타냈다. 모든 부대가 광장에 집결하며 선회하고 깃발을 흔들고, 보병은 휘장을 흔들었다. 그런 다음 전 부대가 성으로 행진했다. 그곳에서 부대 간 전투 시범을 보였다. 기병과 보병의 일전은 정말 기막힌 구경거리였다!

## 직속상관 백작의 칭송

그 사이, (군 최고지휘관으로서) 귀족들, 추기경들과 함께 카스텔누오보로 떠났다. 그들이 지나는 길에 도열한 대포가 예포를 터트렸는데, 이것도 장관이었다. 공포탄이라고 믿기 어렵게 무서운 굉음을 냈다.

아무튼 우리에게는 누구와 비할 수 없는 장군이 있었다. 그 누구도 이 사람처럼 삶을 전쟁에 바치거나 적시에 지휘할 줄은 몰랐을 것이다. 아첨이 아니다. 나는 많은 군주를 봐왔지만 결코 우리 백작 각하처럼 대단한 인물을 본 적은 없다. 백작이 1628년에 로마 대사를 지낼 때 나는 그 관저에서 수많은 손님을 보았다. 산도바르 스피놀라 추기경과 알보르네스 추기경, 또 엘다 백작의 형제, 타바라 백작의 형제, 또 백작과 내 애인이던 백작부인 등의 화려함과 위엄은 헤아리기 어렵다. 이들 각자 동시에 별채에서 묵고 식사했다. 또 대접은 한 치도 소홀한 적이 없었다. 술과 음식은 부족한 적이 없었고 은 식기도 마찬가지였다. 모두 나름의 취향에 맞추었다. 게다가 손님마다 시종과 하인을 붙였고, 그들 모두가 한꺼번에 마차를 대령하게 할 수도 있었다. 다른 사람의 것을 빌려 타려고 아쉬운 소리를 하지 않도록 했다. 서른여섯 개의 방에는 여름의 직물과 겨울의 양탄자가 완비되어 있었다.

1629년 10월에 이 백작의 아들이 태어났다(하느님의 축복을!). 잔치는 어마어마했다. 로마 시민들은 지금도 그 이야기를 입에 올린다. 잔치에 참석한 외국인들도 마찬가지다. 연희와 격투, 불꽃놀이와 샘처럼 넘치는 포도주, 병원에 기부도 하고, 모든 것이 넘치기만 했다. 사흘 동안 금과 은이 거리에 흘러넘쳤다. 가장 멋진 일은 우리를 좋아하지 않는 로마 시민들조차 그 며칠 동안은 "스페인 만세"를 이구동성으로 외쳤다.

어쨌든 이 도시에서 누가 백작처럼 일 없는 군인(중대장, 나까지 포함해서 네 명이다)들에게 매달 30에스쿠도씩 꼬박꼬박 주머니에 넣어줄 수 있을까? 가스파 데 로살레스는 백작 각하의 회계관이다. 그는 각하가 나폴리 부왕이 되었을 때, 국무와 국방을 전담한 비서로서 아무도 각하께 불평하지 않도록 일을 처리했다. 그는 근면하고 청렴한 비서관이다. 성공한 군주에게는 훌륭한 신하가 있고, 사악하고 실패한 군주에게는 못된 신하가 있기 마련이다.

나폴리에서 어떤 부왕이 유능한 인재가 성 한 구석에 처박혀 절망에 신음하고 있을 때, 그를 찾아다녔을까? 각하만이 그렇게 했던 것을 나는 수없이 보았다[공평한 인재등용이다]. 그들이 자기 자리에 걸맞게 보상을 받는 것을 보면서 온 나라가 기뻐했다. 또 누가 백작처럼 15개월 만에, 밀라노로 이탈리아 병력 3000명 두 개 연대와 70만 두카트를 보냈으며, 스페인으로 보병 6000과 말 1000필을 범선 스물네 척에 실어 보냈을까? 캄포스 라타로 후작이 지휘하는 보병대와 라 로셀라 왕자의 기병대를 말이다. 명마 스물네 필에 화려한 안장을 얹어 보냈고 그만큼 귀한 총포도 함께 보냈다. 각 말마다 다리까지 가리는 비단 덮개를 씌워서 말이다. 이 모든 것이 국왕폐하와 카를로스 왕세자(하느님의 영광이 함께하기를!), 그 추기경 왕자에게 바치는 것이었다.

내 애인 백작부인으로 말하자면 왕국의 어느 숙녀보다 다정했다! 그녀는 주중 시간을 쪼개 병원을 찾고 병든 여자들을 손수 거두며, 궁전에서 넘쳐버릴 모든 음식을 챙겨다주었다. 내가 목격한 증인이다. 부인은 회개하는 스페인 여성을 위해 수도원을 세웠다. 기부로 타인을 돕는 여러 가지 일이야 헤아릴 수도 없다. 그녀에게 손을 벌리는 사람들에게 그녀는 자신의 명예를 드높일 뿐이다.

요컨대 절대로 과장하는 말이 아니다. 하느님과 십자가에 맹세코 진실에도 못 미칠 뿐이다. 지금 팔레르모에서 이 글을 쓰는 1633년 2월 4일, 내가 백작의 총애를 잃기는 했고, 아무튼 그 이유는 차차 밝히겠지만 나는 백작 각하를 위해 일했던 것이 그 누구를 위해 봉사한 것보다 자랑스럽다. 그의 집에서 내가 먹고 받은 사랑을 절대로 욕되게 할 수 없다.

## 기병 500을 지휘하다

1632년 6월 20일에 끝난 분열식 이야기로 돌아가보자. 우리는 행사를 마치고 땀에 절고 지쳐 숙소로 돌아왔다. 그런데 바로 그다음 날 백작의 명령이 떨어졌다. 기병대 전원에게 연안 수비에 나서라는 명이었다. 터키 함대가 나타났다는 소식이었다. 나는 기병 500명을 이끌고 시트라 속령으로 나갔다. 그곳 아그라폴리와 아세르노 마을에서 8월 말까지 주둔했다. 한여름이었는데도 날씨가 쌀쌀했다. 침대에서 외투를 둘이나 겹쳐 덮어야 했다. 우리는 낮에 기마 훈련을 했다. 검술 겨루기와 굴렁쇠를 창끝으로 꿰는 훈련이었다.

부대에 네 살짜리 큰 말이 있었다. 그놈은 아주 힘이 넘쳐 병사 넷에게 중상을 입혔고 또 다른 하나는 완전히 불구가 되었다. 징을 박으려면 앞다리와 뒷다리를 붙들어야 하는데, 너무 사나워 땅바닥에 자빠져도 아무리 굵은 밧줄도 끊고 다시 일어나 도망쳤다. 나는 이놈을 프란체스코

회 수도원으로 끌고 가 기증하라고 했다.

마구馬具도 못 갖춘 채 놈을 끌고 갔다. 문지기 수사는 이렇게 말했다.

"대장께서 기증했으니, 우리가 이 녀석을 팔아치워도 된다는 계약이 필요합니다."

그날 밤에 말이 하도 사납게 날뛰어 도살장으로도 데려갈 엄두조차 못 냈다. 그다음 날 계약서에 서명하자 문지기 수사는 이렇게 말했다.

"나리, 이놈이 우리 형제를 숙이지 않을까 걱정입니다."

그러더니 그는 계약서를 들고 수도원 안으로 사라졌다. 그러나 다시 그 다음 날 그는 내게 이렇게 말했다.

"대장 나리, 말이 조용합니다. 조금 얌전해진 듯합니다."

단 엿새 만에 이런 어린 망아지가 있을까 싶게 길들여졌다. 수도원에 있던 암말과 함께 두었던 것이다. 그랬더니 놀랍게도 예전에 언제 그랬냐 는 듯이 암말 곁에서 순하고 행복하게 지냈다!

내게 콜로나라는 말 한 마리가 있었다. 우리는 매일 산 프란체스코 수 도원 쪽으로 경마나 창검술을 하러 산책을 나갔다. 어느 날, 나는 이 말 을 타고 나갔다. 콜로나는 아주 순했다. 그놈 등 위에서 칼도 놀리고 창 을 들고 뛰기도 했다. 그런데 그날만큼은 꿈쩍 않으려고 했다. 화가 난 나는 박차를 가했지만 그놈은 몇 발자국 안 가 멈추었다. 나는 다시 원위 치로 돌아와 박차를 세게 찼다. 그래도 여전히 반항하고 나서려 들지 않 았다. 나더러 대원들은 말에서 내리라고 했다. 그때 한 병사가 이런 말을 했다.

"제게 줘보시지요. 달려보게 하겠습니다. 저한테는 그렇게 못되게 굴지 못할 것입니다."

나는 말에서 내리고 병사가 대신 올라탔다. 그러나 말이 폭주할 때 그는 안장에 오르지도 못했고 벽으로 돌진해 둘 다 죽고 말았다. 기가 막혔다. 내가 말을 수도원에 바친 덕분일까? 고인의 애도를 위한 제단을 세웠기 때문일까? 아니면 교황청에서 특별한 제단을 가져왔기 때문일까? 하느님만 알리라. 나는 이런 은총에 감사하고 또 그 은총을 빌어준 모든 사람에게도 감사했다. 내 목숨을 구해주신 은총에.

나는 중대를 이끌고 나폴리로 들어갔다. 그곳의 마들렌 다리 근처를 숙영지로 정했다. 그곳에서 나는 매일 토레 델 그레코[나폴리 남쪽] 해안으로 출정했다. 다른 중대들은 다른 쪽 연안에서 북쪽의 포추올리로 출정했다.

우리 부대의 말은 훌륭했지만 대원들은 그렇지 못했다. 백작의 명에 따라 나는 부대 재편에 들어갔다. 각하께서는 내게 왕국의 훌륭한 페스카라 사령관직을 제안했다. 나는 이런 은덕에 충성을 맹세했지만, 아무튼 한 달 이상 임명장을 요구하지 않았다. 그러던 어느 날, 각하의 비서 로살레스가 항구의 소형 범선 두 척과 또 하나의 작은 돛배로 무장하고서 레반트 공략에 나서라 했다는 각하의 하명이 있었다고 했다.


## 동생 때문에 총애를 잃다


이 무렵 내 곁에 내 친동생이 있었다. 그는 20년 동안 이탈리아, 스페인 함대에서 일했다. 병사에서 하사, 상사를 거쳐 지난 3년 동안 높은 8에스쿠도의 특별수당까지 받으며 중대장으로 근무했다. 그러다 최근에 중대장 직위에서 해임되었다. 나는 각하의 비서에게 말했다.

"각하의 말씀대로 임무를 맡겠습니다. 단 동생에게 최소한 제가 돌아올 때까지 페스카라 중대를 맡겼으면 합니다."

"불가능하오. 그 자리를 맡을 중대장이 있소."

그래서 나는 형제에게 돛배 선장이라도 맡겨달라고 백작께 직소했다. 그러나 그는 아무 조치도 취하려 하지 않았다. 나는 나와 함께 승선할 고아와 낭인 돌격대를 그에게 맡기자고 했다. 비서는 그렇게 해보자고 했다. 출정 준비를 하면서 비서에게 말했다.

"각하께서 나를 우스갯거리로 만들지 않으시겠지요. 그렇게 된다면 나도 절대 이번 출정에 나서지 않으렵니다."

며칠 뒤 저녁에 비서는 내게 이렇게 말했다.

"동생에게 줄 자리는 없소. 아무튼 형제 모두 함께 승선하라는 명이오."

이에, 나는 집으로 돌아와 곰곰이 생각해보았다. 나는 이 왕국에서 자리도 없고 특별수당도 받지 못한다. 동생이 했던 말이 기억났다.

"각하, 온 세상이 알듯이 나는 열심히 일했고, 각하께서 많은 사람의 뒤를 밀어주었습니다. 하지만 제 앞길은 막혔습니다. 사람들은 내게 흠이 있다 생각하지 않겠습니까?"

이 말이 옳았다고 생각한 나는 보따리를 챙겨 삼위일체 수도원으로 들어가 비서에게 쪽지를 보냈다.

"아우 문제로 제가 신중치 못했다고 노여워하지나 않으신지요. 제가 출정해 죽는다면, 아우는 많은 조카를 거느린 집안의 유일한 가장이 될 것입니다. 그러나 이 저녁에 제게 희망은 더 이상 없지 않습니까. 저로서는 그렇게 출정할 수 없습니다. 그러니 백작 각하께, 제가 이곳에 파묻혀 어떻게 살아갈까 궁리하고 있다고 전해주시면 고맙겠습니다. 각하께서 크게 화를 내셔서 저를 요새 감방에 처넣을까 두렵기도 합니다. 각하께서 제 충정을 믿고 원정에 나서는 것이 좋겠다 싶으시다면, 제 아우에게 중대를 맡겨주시기 바랍니다. 아우는 그만한 자격이 있고 백작께서 이미 그리리라 약속하지 않았습니까. 그렇게 된다면 저는 즉시 뛰어나가 예정대로 원정에 나서겠습니다."

비서는 나의 단호한 태도에 당황해하면서 친구 편에 쪽지를 보냈다. 내가 출정하길 빌었다. 하지만 제시한 조건이 아니라면 나는 그러고 싶지 않았다. 나는 백작께 동생과 조카를 위해 보낼 휴가원을 냈다. 그는 이렇게 답했다.

"휴가가 필요하겠나. 더는 내 신하도 아닌데. 자네는 몰타의 기사이니, 이 왕국에 고용되지도 은급을 받지도 않을 테니. 건강이나 잘 살피게."

이에 나는 이런 답장을 올렸다.

"저는 일하던 고장에서 허가 없이 떠나는 그런 인간이 아닙니다. 각하께서 허락하신다면 이곳에 남겠습니다. 이 수도원에서 죽는 날까지 각하께서 고귀한 임무를 맡길 때까지 기다리겠습니다."

결국 각하는 몰타 기사의 명예를 존중해 휴가를 허락했고, 동생은 스페인으로 조카는 시칠리아로 휴가를 허락했다. 또 손수 서명한 허가장을 내가 있는 수도원으로 보내주었다.

그뒤 곧 함대가 출범하기 직전에 비서가 서신을 보내왔다. 사실은 더 고위층에서 보낸 것이었다. 함대의 항해에 필요한 교범과 방법을 알려달라는 것이었다. 나는 전령을 기다리게 하고 즉시 자세한 답신을 쓰고 나서 이렇게 추신을 붙였다.

"각하, 제가 천사가 아닌 만큼 잘못된 부분이 있을지 모르겠습니다. 이 보고서를 선원들에게 확인하도록 해주십시오. 그들이 제 의견을 평가하는 데에 따라 가부간 활용 여부를 정하십시오. 형제간의 불운만 아니었다면 제가 나섰을 항해입니다."

나는 즉시 떠날 준비를 했다. 궁의 고관과 귀족들조차 "조금 기다려보라"고 했지만, 이런 충고가 들리지 않았던 나는 로살레스 비서를 만나러 저녁에 궁으로 들어갔다. 그는 나를 오래 설득했다.

"너무 멀리 나갔소."

우리는 다음 날 저녁에 다시 보기로 했다. 하지만 좋을 것 같지 않았다. 나는 결국 동생과 조카를 데리고 큰돈을 들여 구한 작은 돛배에 올랐다. 짐 보따리 몇 개를 싣고 우리는 12월 20일 자정에 나폴리 항을 벗어났다.

빠뜨린 이야기가 있다. 내가 수도원에 처박혀 있을 때, 모두들 내가 수도사가 되었다고 생각했다. 나는 전부터 수도사는 아니었다. [사실 그는 몰타 수도회 기사단 소속이었을 뿐이다.] 이런 소문은 '지역 관보'에도 나왔고, 몰타 수도회에서도 내가 수도복을 입었다는 통고를 받았다는 서신을 받았다. 멀리 떨어진 곳이었으니 이런 말을 듣는다고 놀랄 일은 아니었다. 수도원에 칩거하는 두 달 동안 나폴리에서조차 내가 미사를 보았다고 장담한 사람까지 나타났기 때문이다. 그는 내가 라틴어를 알아듣지 못한다는 사실을 틀림없이 몰랐을 것이다. 그 두 달 동안, 나는 아침저녁 때맞춰 회개하고 기도를 올리고, 저녁에는 수탉과 해묵은 포도주를 즐기며 지냈다. 기도와 저녁기도를 네 차례에 걸쳐 꼬박꼬박 드렸다.

## 나폴리에서 팔레르모로

나폴리에서 나오던 밤기운이 좋지 않았다. 걱정이 태산이었다. 아무튼 새벽에 나폴리에서 111킬로미터 떨어진 베에트리 부근에 와 있었다. 우리는 살레르노 만을 벗어나 팔리누로 곶까지 갔다. 그곳에 상륙 허가가 나지 않았다. 돌림병이 만연했기 때문이다. 그래서 파올라로 건너가 이틀을 머물렀다. 그사이 나는 성자 빈센초의 탄생지를 찾아가보았다. 거기에서 다시 카스티용까지 건너갔다. 가는 길에 나폴리로 향하는 돛배를 만났다.

그 돛배에 내가 잘 아는 도도한 스페인 숙녀가 타고 있었다. 그녀와 그날 저녁을 함께 먹었다. 그녀는 무섭다면서 내게 자기 방에서 주무시라고 했다. 그녀를 불쾌하게 할 수 없어 나는 그녀 방의 따로 떨어진 침대에서 잤다. 밤에 볼일을 보러 일어났지만 깜깜했으니 침대로 돌아오다가 그녀의 침대에 발이 걸리는 바람에 엉겁결에 그 속으로 들어가고 말았다. 그녀는 잠든 척했지만 말짱하게 깨어 있었다. 일이 끝나고 나서, 그녀는 일어나 이렇게 말했다.

"무슨 일을 하셨나요?"

"만져보면 아시겠지."

"망측하게! 못된 영감탱이 같으니!"

"그렇고말고, 아침에 일어나 젊은 놈을 보고 싶어할 테지."

비록 늙었지만 문제없었다. 나는 그녀를 찌르고 또 찔렀지만, 이런! 그녀도 쉬운 상대는 아니었다. 아침에 우리 배들은 다시 바다로 나섰고 각자 길을 찾아 떠났다.

그날 밤 나는 트로페아에 닿았지만 들르지 않고 곧장 메시나로 들어갔다. 성탄 전야였다. 우리는 여관으로 들어갔다. 그곳에 몸집 좋은 여자들이 많았지만 주께서 탄생한 날 밤이니 모두들 조용했고 나도 기사도를 지켰다. 우리는 성탄절 미사마다 모두 참석했다. 그러고 나서 메시나에서 그 밤을 지내고 이튿날 떠났다. 그 밤에 등대까지 건너갈 수 없었기 때문이다.

우리는 밀라초[시칠리아 섬 동북단]까지 가면서 높은 파도에 시달렸다. 날씨가 나빠 그곳에서 이틀을 묵었다. 그곳 부대장이 암탉과 포도주와 염소고기를 가져와 주린 배를 간만에 채웠다. 우리는 여관에서 만찬을 즐겼고 그런 곳이니 당연히 못된 사내와 계집들과 어울렸다.

밀라초를 떠난 우리는 상륙하지 않고 테르미니까지 항해했다. 그곳에 훌륭한 숙소가 있어 그곳에서 묵었다. 다음 날 떠난 우리는 팔레르모에 정오에 도착했다. 팔레르모에서 나는 옛 벗들과 해후하고 집을 마련하기로 했다. 그 전에 이곳을 통치하는 알칼라 공작을 찾아갔다.* 도착을 알리자 공작은 벌써 알고 있었다. 국왕폐하께서 내게 왕명으로 약속한 30에 스쿠도를 받도록 해달라고 부탁했다. 그는 즉시 지불을 명했다.

내 동생은 공작께 호소문을 내놓았다. 자신의 충정을 헤아려, 중대를 맡기는 은덕을 베푸시라고. 당시 시칠리아에는 부대가 거의 없었다. 나는 국고를 대신하고, 공작이 이런 부대 소집에 필요할 500두카트를 절약하도록 내놓겠노라고 했다. 공작은 "사무적 절차를 알아보마"고 했다.

그러나 내 동생에게 항구에 정박중인 작은 돛배를 이용해 왕국 갤리선단에 보낼 비스킷 화물을 싣고 제노아에 들러 내린 다음 플랑드르로 가

---

* 페르난도 아판 데 리베라, 시칠리아 부왕, 1632~1635년 재위, 1639년 사망.

라고 했다. 나는 동생에게 금화 200에스쿠도와 옷가지를 선물로 주고 여
비도 주었다. 물론 순항을 빌었다.

"그래 플랑드르에서 중대장이 될 수 있을 거다. 발령받고 잘될 거야.
추천장도 있고 돈도 있잖아. 하느님이 지켜주실 테니!"

그는 그렇게 하느님의 뜻대로 떠났다. 나는 1633년 2월 4일 현재까지
살고 있다. 내가 더 살게 된다면 여기에 좀 더 할 이야기가 남아 있기는
할 테지.

18장

# 이탈리아를 떠나 스페인에서
# 기사령을 하사받다

1633년에 동생은 앞에서 말한 돛배를 타고 플랑드르로 떠났고 나는 팔레르모에 남았다. 시칠리아 부왕 알칼라 공작이 나를 불렀다. 공작은 몬테레 백작과 무슨 일이 있었는지 물었다.

"아무 일도 없습니다. 몰타로 가라는 허락을 내주셨습니다."

그는 질문 공세를 퍼부었으나, 나는 나폴리에서 벌어진 일에 대해 입을 다물었다.

공작과 대면하고 나서 나는 궁전수비대로 내려갔다. 중대장들도 내게 나폴리에서 무슨 일이 있었는지 궁금해했다.

"백작님이야 조용히 지내셔야지. 단구短軀라도 군주 중의 군주 아니신가."

누군가 이 말을 금세 알칼라 공작께 일렀다. 분개한 공작은 나를 다시 불러들였다. 내가 올라가자 공작은 차분히 말했다.

"돈 제로니모 데 카스트로에게 빚진 200두카트를 갚도록 하게나."

공작의 비서 돈 제로니모 데 카스트로가 그 자리에 있었다. 나는 비서에게 말했다.

"저 신사에게 200두카트를 틀림없이 받았습니다. 몰타 기사단장에게 전할 교황의 교서를 받아오라는 경비였습니다. 단장은 이 교서를 받지 않으려 했습니다만 그것이 제 잘못은 아니옵니다. 교서를 받아냈으니 거래에 문제는 없습니다."

"핑계가 어디 있겠소. 당장 갚지 않으면 감옥에 들어갈 줄 아시오."

나는 이 단호한 자에게 이렇게 반박했다.

"좋소, 한 사람 따라오도록 하면 즉시 가져와 돌려드리리다."

나는 작은 돈자루를 가져다 비서에게 건넸다.

"이 돈은 뜻대로 하시라고 공작께 드리는 것입니다. 하지만 돈 제로니모 데 카스트로에게는 한 푼도 줄 수 없소."

나는 일이 어떻게 돌아갈까 상상하면서 숙소로 돌아왔다.

이틀 뒤 상사가 나를 찾아왔다.

"이곳에서 어떤 대우를 받고 계신지 각하께서 알고 싶어하십니다."

"받는 것은 없고 몬테레 백작의 허가로 몰타로 가려던 길이오."

나는 몰타 수도회 징세관을 만나 사정을 설명하고 그가 부왕께 내 입장을 알리도록 했다. 그런 다음 나는 무사히 떠날 수 있었다.

## 기사령 교서를 받다

떠나기 20일 전쯤, 몰타에서 과거 실패했던 기사령 인가장이 날아왔다. 산 후안 데 푸엔데 데 오르비[스페인 레온 지방]의 땅이었다. 그러나 나는 팔레르모에 두 달을 더 머물렀다. 이렇게 시간이 가고 나서 제노아에서 주교가 갤리선 두 척을 끌고 왔다. 나는 그중 한 척의 선장에게 말했다.

"백작 몰래 나 좀 나폴리로 데려다줄 수 있겠소?"

그러마고 약속하고서는 선장이 나를 나폴리 항에 내려주면서 맨 먼저 한 일이 그 사실을 고한 것이었다.

백작은 이미 관보를 통해서 시칠리아에서 무슨 일이 있었는지 손바닥 들여다보듯 알고 있었다. 그는 비서 로살레스를 불러 이렇게 일렀다.

"콘트레라스를 불러오게. 그가 나폴리에서 지내도록 잘 처리해보게."

비서는 갤리선에 있던 내게 짤막한 편지를 보냈다.

"당신이 여기 와 있다는 걸 백작께서 알고 계시오. 나와 저녁이라도 합시다. 드릴 말씀이 있소이다."

거절할 명분이 없었으니 갤리선을 내려와 궁으로 향했다. 나는 비서에게 내 기사령 공문을 보여주었다. 그는 놀라더니 백작께 가져가 보여드렸고, 백작은 이렇게 말했다.

"콘트레라스가 내민 것은 나를 기만하는 것이다. 좀 더 알아보고 나서 그를 여기 붙잡아두도록 하라."

우리는 저녁을 먹었고 그는 큰 약조를 하며 나를 붙들려고 했다.

갤리선들은 가에타[나폴리 북쪽의 중요한 군항]로 떠났다. 제노아로 갈 다른 일행이 그곳에서 그 배들을 기다리고 있었다. 비서는 카렐라 후작부

나폴리 인근 군항 가에타의 전경.

인께 전할 서신을 내게 쥐어주었다. 나는 그렇게 했다. 그다음 날, 갤리선이 출항 준비를 하고 축포가 올릴 때, 가에타 사령관이 나를 나폴리로 데려가려고 무장한 작은 배를 보냈다. 그러나 내 짐이 다른 짐들 밑에 깔려 있었기 때문에 그것을 끌어낼 수 없었다. 수하물도 모두 선적한 뒤였다. 모든 것이 내게 유리했다. 이렇게 무사히 그들을 따돌리고 나는 제노아로 건너갔다.

이틀 뒤 추기경 왕자가(하느님의 영광을 누리시길!) 도착했다. 화려하게 입항했던 그는 밀라노로 떠났다. 나는 왕자가 제노아까지 타고 왔던 갤리선 편으로 스페인으로 돌아갔다.


## 마드리드에서 난관에 부딪히다


나는 바르셀로나에서 잠시 머물다 곧장 마드리드로 들어갔다. 그곳에서 후안 루이스 데 콘트레라스 비서 댁에 묵었다. 나는 후한 대접을 받았고 청을 내놓기 시작했다.

우선 나는 기사령을 접수하러갔다. 그뒤 마드리드로 돌아오는 길에 아우 집에 들렀다. 그는 일거리를 찾고 있었고 플랑드르에서 받았어야 할 봉급을 요구하고 있었다. 국왕참사회는 그의 건을 검토하고 나서 정당한 요구라며 20에스쿠도를 우선 지불하고 또 료하의 비서실에 그에게 중대를 맡기라는 공문도 내주었다. 료하의 비서실에서는 다시 페드로 데 아르세 비서에게 이런 입장을 전하는 문건을 전했다. 그러나 묵묵무답이었다. 그는 참사회 위원들에게 케케묵은 내 이야기를 떠들었다. 내가 기병대 연희단 소속 중대장이었으며 신뢰할 수 없으므로 내 동생도 발령하기 어렵다고 했다. [콘트레라스 동생의 이력에도 형의 중대장 시절의 경력이 기재되었다.]

이 모든 일이 불과 며칠 사이에 귀에 들어왔다. 사실 그들이 동생의 발령을 서두르지도 않았으므로 나는 참사회 위원 산타 크루스 후작을 찾아가 이 문제를 간곡히 부탁했다. 그는 이렇게 답했다.

"어떻게 당신 동생에게 발령이 나길 바란단 말이오? 페드로 데 아르세는 당신이 연희단 중대장이었다던데."

기가 막혀 나는 아무 말 없이 귀가했다. 입맛도 없고 먹을 틈도 없이 나는 내 군함 중대장 임명장과 500명의 지휘관이었던 임명장과 명령서 등을 모두 싸들고 부리나케 산타 크루스 후작 댁으로 돌아갔다. 들어서자마자 나는 이렇게 말했다.

"각하 제 말씀을 들어보십시오. 20년도 더 된 일입니다. 산 마르틴 성문 안에서 이슥한 밤에 어떤 숙녀가 저를 불렀습니다. 내가 올라가 잠시 이야기하는 사이에 누군가 문을 두드렸습니다. 그 귀부인께서는 '몸을 피하세요! 페드로 데 아르세가 들이닥칠 테니'라고 했습니다. 이에 저는 '어떤 핑계로든 숨지 않으렵니다. 여시오'라고 했지요. 페드로 데 아르세 나리가 검과 방패를 들고 들어서는데 상추 잎처럼 시퍼렇게 질려 있었습니다. 당시 그분은 군인이었습니다. 저를 보자 대뜸 제게 무엇을 하고 있느냐고 물었습니다. 저는 '부인께서 친구의 소식을 물으셨소'라고 했습니다. 그러나 미처 설명을 다하기도 전에 그는 방패로 몸을 막고 검을 빼들었습니다. 저도 무장하고 있었기에, 검으로 그를 계단 밖으로 밀어냈습니다. 그는 '아이고 나 죽네!'라고 비명을 질렀습니다. 크게 다치지도 않았습니다. 나는 하느님의 가호로 소동의 와중에서 빠져나왔습니다. 거의 실신한 채로 집으로 실려간 그는 내게 원한을 품었습니다. 지금 각하께서 이 서류를 보고 계시지 않습니까. 사람들 말이 거짓이라는 것이 빤하지 않습니까. 또 저는 일곱 달 하고 사흘간이나 전함 선장이었습니다."*

* 여기에서 원고는 끝난다. 콘트레라스의 모험담 마지막 원고 한 장은 유실되었다.

## 역자 후기

알론소 데 콘트레라스의 삶과 이 '회상록'에 대해서는 서문으로 붙인
「콘트레라스 선장의 모험」에서 철학자 오르테가 이 가세트가 매우 훌륭
하게 요약하고 있다. 황금기 스페인 문학의 거장, 로페 데 베가의 권유로
썼을 것으로 추정되는 이 모험담의 원전은 스페인어지만 여러 나라의 이
본이 나와 있다. 이번 한국어판은 1911년의 프랑스어판을 시작으로 출간
된 과거와 현재의 이본들을 두루 참고했다. 올리비에 오베르탱의 프랑스
어판이 가장 최근 것이며, 필립 댈러스의 영어판도 있다.

오르테가 이 가세트의 글은 플롱출판사에서 펴낸 프랑스어판 선집에
들어 있는 것을 옮겼다. 콘트레라스의 회상록을 즐기고 이해하는 데 이
보다 더 좋은 글이 없을 것 같아 역자가 추가했다. 또 이 철학자가 콘트
레라스 선장의 모습을 보는 듯하다고 했던 자크 칼로의 풍속화는 역자가
갖고 있는 마리우스 바송의 1886년 책자에서 발췌해 곁들였다. 그 밖의

저자의 발길이 닿은 지중해의 수많은 도시와 섬의 도상자료도 추가했다.

"그는 낡은 허물이 벗겨진다고 아쉬워하거나 그리워하지 않는다. 진정한 모험가의 삶에 궤적이란 없다. 즉흥적인 삶이자, 작은 일화들로 나뉜 대서사시다. 짜인 줄거리가 아니다. 하나의 삶에서 또 다른 삶으로 다시 태어나려고 거의 매일 죽는 삶이다."(오르테가 이 가세트)

이런 사람의 '회상록'으로 "장엄한 천연색 영화 한 편을 만들 수 있겠다"고 철학자가 말했듯이, 주인공의 삶은 '못된 골통들'의 체험담이다. 또 누구나 인정하듯, 소중한 기록문학이다. 기록의 가치로나 모험의 재미로나 이에 비할 만한 것이라면 르네상스 예술가 벤베누토 첼리니의 『회상록』 정도가 있을 것이다. 물론 콘트레라스의 이 '회상록'을 『돈키호테』에 필적하는 것이라면서 스페인과 인간사를 이해하려면 반드시 읽어야할 고전이라고 주장하는 사람도 많다.

알론소 데 콘트레라스는 스페인 해군의 마지막 영웅이었을 뿐만 아니라 놀라운 대여행가였다. 호메로스 이후로 지중해 전역을 그보다 더 많이 돌아다닌 사람은 없었다. 또 그 이후로도 불과 몇 사람의 고고학자와 지리학자, 사진가만이 그의 여정에 근접할 뿐이다. 그는 대서양 건너 서인도 제도까지 넘나들었다. 따라서 이 글은 모험담이기도 하지만 지중해와 대서양의 지리와 역사를 이해하는 데 유익한 내용도 풍부하다.

주인공은 '예루살렘 성 요한 기사단' 소속으로 몰타 섬이라는 당시의 최전선에서 용맹을 떨치며 드라마 같은 삶을 살았지만, 이 회상록이 더욱 값진 것은 여러 가지 새로운 역사적 탄생 설화를 들려주기 때문이다.

곧, 근대국가와 군대와 군인과 전우애와 또 애국심의 탄생이다. 또 인간을 싸우는 기계로서만 전투에 내몬 가장 황폐하고 비인간적인 '정치전쟁'의 탄생이다.

유럽의 북쪽에서 30년 전쟁이 한창이던 시절에, 남쪽에서 발생한 그에 못지않은 전쟁의 현장에 대해 이렇게 생생한 체험과 관찰의 기록은 전무후무한 일이다. 이런 역사적 사실을 확인하는 것만으로도 다른 모든 이야기의 재미를 잊을 만하다.

당시의 제도와 관련한 여러 직위와 호칭이 오늘날과 정확히 일치하지는 않는다. 근사치를 보이는 용어를 택할 수밖에 없었다. 다른 언어들의 번역본을 참고했지만 이런 난점은 대동소이했다. 기록문학이라고 하지만 섬세한 문학적 표현에서 중역으로 인해 다소 시시해진 부분이 없지 않을 것이다. 차차 바로잡을 기회가 있기를 바란다.

출간을 맡아주신 글항아리 여러분께 감사드린다.


2013년 2월
옮긴이

# 콘트레라스 선장의 모험

© 정진국 2013

| | |
|---|---|
| **초판 인쇄** | 2013년 2월 18일 |
| **초판 발행** | 2013년 2월 25일 |

| | |
|---|---|
| **지은이** | 알론소 데 콘트레라스 |
| **옮긴이** | 정진국 |
| **펴낸이** | 강성민 |
| **편집** | 이은혜 박민수 김신식 |
| **마케팅** | 최현수 |
| **온라인 마케팅** | 김희숙 김상만 이원주 한수진 |

| | |
|---|---|
| **펴낸곳** | (주)글항아리 | 출판등록 2009년 1월 19일 제406-2009-000002호 |
| **주소** | 413-756 경기도 파주시 문발동 파주출판도시 513-8 |
| **전자우편** | bookpot@hanmail.net |
| **전화번호** | 031-955-8891(마케팅) 031-955-2670(편집부) |
| **팩스** | 031-955-2557 |

| | |
|---|---|
| ISBN | 978-89-6735-042-0  03900 |

글항아리는 (주) 문학동네의 계열사입니다.

이 도서의 국립중앙도서관 출판시도서목록(CIP)은 e-CIP홈페이지(http://www.nl.go.kr/ecip)와
국가자료공동목록시스템(http://www.nl.go.kr/kolisnet)에서 이용하실 수 있습니다.
(CIP제어번호: CIP2013000850)